BOISSONS
ÉNERGISANTES
&TONIQUES

BOISSONS ÉNERGISANTES &TONIQUES

Tracy Rutherford

Traduit de l'anglais par La Mère Michel

Guy Saint-Jean
ÉDITEUR

Sommaire

Sommaire
(suite)

Introduction

Boissons énergisantes et toniques présente une série de jus, smoothies, laits frappés et tisanes conçus pour vous permettre une nutrition maximale sans vous casser la tête. Il est parfois difficile d'intégrer à son alimentation les portions de légumes et de fruits recommandées par les professionnels de la santé mais en en faisant des jus et mélanges, on peut y arriver facilement tout en se régalant. Cela constitue aussi une bonne façon de faire consommer plus de fruits aux enfants même si les jus qui leur sont destinés doivent être dilués dans de l'eau purifiée. Par ailleurs, ces derniers devraient être encouragés à manger le plus possible de fruits et de légumes entiers. Si vous souffrez d'une forme ou d'une autre de glycémie, vous devriez vous aussi diluer ces jus car ils contiennent une quantité concentrée de sucres de fruits.

Un jus ne peut jamais être meilleur que les fruits et légumes qu'on emploie pour le faire. C'est pourquoi il faut toujours choisir des fruits et des légumes frais, d'apparence saine et mûrs (mais pas trop). Utilisez de préférence les fruits et légumes de saison car ils sont alors dans le meilleur état possible et moins chers. Si vous le pouvez, achetez des fruits et légumes organiques car comme certains sont traités avec leur peau, il faut éviter que celle-ci contienne des résidus de produits chimiques. De même, si vous prenez le temps de faire des boissons à la maison, utilisez toujours les fruits et les légumes les plus sains possible.

Les fruits et les légumes non pelés doivent toujours être parfaitement nettoyés avant d'être utilisés. Servez-vous d'une petite brosse à soies fermes réservée uniquement à cette fin. Si le fruit ou le légume n'est pas organique, lavez-le avec un détergent doux et biodégradable pour en enlever toute trace de produits chimiques puis rincez-le à fond. Les recettes indiquent comment préparer chacun des fruits et légumes ; le plus souvent, la plupart n'ont qu'à être coupés en morceaux de la taille de l'orifice d'alimentation de votre appareil. Certains peuvent être réfrigérés avant d'être passés. C'est une question de goût personnel.

La puissance et l'efficience des appareils conçus pour faire des jus varient beaucoup d'une marque à l'autre. Si vous possédez un modèle ancien ou moins performant, vous aurez peut-être besoin d'ajouter des petits fruits ou des raisins aux autres fruits tandis que le moteur est arrêté puis de mettre ce dernier en marche pour passer tous les fruits en même temps. Pour en extraire le plus de jus possible, les herbes et autres feuillages devraient être placés entre des morceaux de fruits ou de légumes plus charnus. Je donne les rendements approximatifs de chaque boisson même si ceux-ci varieront selon votre appareil et les produits que vous passez.

Vous pouvez changer les ingrédients indiqués selon leur disponibilité et vos goûts. Certaines recettes comprennent des ingrédients facultatifs. Ce sont surtout des suppléments nutritionnels destinés aux athlètes ou pour traiter des problèmes de santé particuliers. Sentez-vous libre de vous en servir ou pas ou d'obtenir plus d'informations sur eux auprès d'un naturopathe ou dans un magasin d'aliments naturels.

Toutes les boissons proposées ici fournissent une nutrition concentrée et certaines peuvent servir au traitement de problèmes particuliers, mais vous devez consulter un professionnel de la santé avant de le faire. La plupart des boissons sont délicieuses puisqu'elles sont faites de fruits et de légumes frais, et certaines peuvent être considérées comme médicinales. Chaque chapitre est consacré à un usage particulier même si les fruits, les légumes et les autres ingrédients utilisés pour traiter un problème donné peuvent en traiter d'autres aussi bien.

Équipement requis

Les instruments requis pour la fabrication des jus et des boissons proposés dans ce livre sont : un mixeur, une centrifugeuse, un moulin et un presse-agrumes. Vous possédez probablement déjà ces instruments mais si vous désirez mieux vous équiper, tenez compte des facteurs suivants et choisissez la meilleure qualité que vous pouvez vous offrir.

Centrifugeuse

- Assurez-vous d'abord que l'appareil est facile à nettoyer et à utiliser. La centrifugeuse comprend-elle un grand nombre de pièces à manipuler et des rainures et des fentes difficiles à nettoyer ? Essayez de trouver un appareil simple et aux lignes aérodynamiques.
- Quelle est la contenance du récipient et dans quelle position celui-ci se trouve-t-il ? Si vous faites du jus en grandes quantités, devrez-vous souvent vous arrêter et démonter l'appareil pour en enlever la pulpe et, si oui, est-ce facile à faire ? Certains appareils comprennent un réservoir à résidus extérieur, ce qui signifie que vous n'avez pas besoin de démonter l'appareil pour le vider.
- Quelle est la puissance du moteur de votre appareil ? Celui-ci pourra-t-il extraire le maximum de jus des produits ?
- L'appareil est-il sécuritaire et facile à utiliser ? Est-il doté d'un dispositif de fermeture de sécurité ? Ses boutons de commande sont-ils faciles à manipuler ?

Les mêmes remarques s'appliquent aux mixeurs, aux presse-agrumes électriques et aux moulins. Si vous vous posez encore des questions, renseignez-vous sur la réputation de la marque et la garantie offerte par le fabricant au cas où surviendrait un problème. Consultez un guide de consommation pour pouvoir comparer les prix et l'efficience des différentes marques offertes sur le marché.

Pensez aussi à l'endroit où vous rangerez votre appareil. Aurez-vous assez de place sur le comptoir de votre cuisine pour l'y laisser en permanence ? Sinon, pourrez-vous le ranger dans une armoire facile d'accès ? Ce dernier point est très important car beaucoup d'appareils sont achetés avec les meilleures intentions du monde mais finissent oubliés au fond d'une armoire.

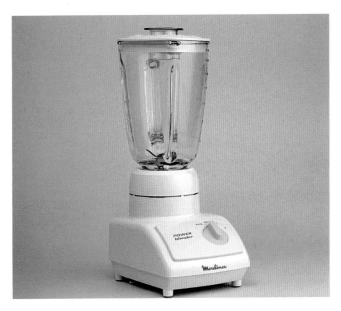

Mixeur

Moulin

Centrifugeuse

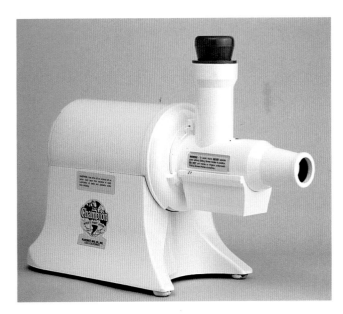

Centrifugeuse à broyeur

Presse-agrumes (Toupie)

Presse-agrumes manuel

Presse-agrumes électrique

Presse-agrumes à levier

Mixeur

On se sert d'un mixeur pour liquéfier les fruits utilisés dans les boissons de même que pour faire des laits frappés et des smoothies. Assurez-vous que le vôtre est capable de broyer des glaçons sans en forcer le moteur. S'il n'en est pas capable, enveloppez les glaçons dans une serviette propre puis broyez-les avec un rouleau à pâtisserie ou un petit maillet.

Moulin

On se sert d'un moulin pour moudre les noix ou les graines et les réduire en poudre grossière ou fine. Cela vous permet de les utiliser dans vos boissons préférées et les rend aussi plus facile à digérer. Un moulin à café électrique est tout indiqué à cette fin, mais il faudra vous en servir uniquement pour les noix et les graines afin de ne pas donner un goût de café à vos boissons.

Centrifugeuse

Il y a plusieurs types de centrifugeuses mais les deux plus courants pour usage domestique sont, soit une centrifugeuse proprement dite, soit une centrifugeuse à broyeur ; la première étant plus fréquemment utilisée que la seconde.

La centrifugeuse extrait le jus en râpant finement les aliments puis en séparant la pulpe du jus par force centrifuge. Cela a tendance à oxygéner le jus obtenu qui doit alors être consommé immédiatement car il se détériore rapidement.

La centrifugeuse à broyeur râpe finement les aliments mais exerce une action « masticatoire » qui les réduit plus finement encore. La pulpe est alors pressée pour en extraire le jus de sorte que celui-ci n'est pas oxygéné et se conserve plus longtemps (jusqu'à vingt-quatre heures au réfrigérateur).

Presse-agrumes

Les agrumes peuvent être pelés et réduits en jus dans une centrifugeuse mais, si vous n'avez qu'un ou deux fruits à passer, il est plus simple de se servir d'un presse-agrumes. Il y en a quatre types :

Toupie : Il s'agit d'un instrument manuel composé d'une poignée et d'un cône à surface ondulée. On insère la toupie dans l'agrume coupé en deux et on le presse en tournant pour extraire le jus du fruit.

Presse-agrumes manuel : Il s'agit d'un petit ustensile qui comprend un cône central et soit une rigole où le jus s'accumule, soit des trous par où le jus s'écoule dans un bol verseur placé sous lui.

Presse-agrumes électrique : Il s'agit d'un appareil relativement gros qui comprend un cône central qui tourne sur lui-même et sur lequel on place et presse délicatement une moitié d'agrume pour en extraire le jus, qui s'écoule alors dans un bol verseur.

Presse-agrumes à levier : Il se vend plusieurs modèles légèrement différents de ce type de presse-agrumes mais tous fonctionnent sur le même principe. On place une moitié d'agrume sur le cône puis on abaisse un levier pour exercer une pression et extraire le jus. Ces appareils ont beaucoup de style et sont habituellement faits en acier inoxydable et en chrome.

Ingrédients et suppléments nutritionnels

Produits laitiers et non laitiers

Le yogourt acidophilus est obtenu à partir d'une culture de *Lactobacilllus acidophilus*.

Le lait de coco est obtenu en exprimant le liquide de la pulpe de noix de coco râpée. Celui-ci se vend en conserve dans la plupart des supermarchés.

Le lait de vache est le type de lait le plus utilisé et c'est une des principales sources de calcium. Toutefois, comme certaines personnes ont une intolérance au lactose, le sucre présent dans le lait, elles doivent se servir d'autres types de lait.

Le lait d'avoine est fabriqué à partir de flocons d'avoine entiers, d'un peu d'huile et d'eau et constitue une bonne solution de remplacement au lait de vache. On le vend en conserve dans les magasins d'aliments naturels et certains supermarchés.

Le lait de riz, une autre solution de remplacement au lait de vache, est fabriqué à partir de riz complet et contient le plus souvent un peu d'huile, de sel et d'eau. On en trouve dans les magasins d'aliments naturels et certains supermarchés.

Le lait de soja est fabriqué à partir de fèves soja et peut contenir d'autres ingrédients comme du malt, de l'huile et du sirop de riz. On choisit de préférence un lait enrichi de calcium tout en essayant d'éviter les produits génétiquement modifiés ou ceux qui contiennent des produits chimiques nocifs.

Le yogourt de soja est fabriqué à partir de lait de soja. On recherche de préférence les marques contenant de la culture de *Lactobacillus acidophilus*.

Le tofu velouté est fabriqué en ajoutant un agent coagulant au lait de soja. Le tofu peut être ferme ou mou, ce dernier étant, à cause de sa texture, préférable pour les boissons et les desserts.

Liquides

L'eau d'orge est fabriquée en faisant bouillir de l'orge perlée puis en passant le liquide obtenu. Cette eau est très nutritive.

L'eau de coco est constituée du liquide clair contenu dans la noix de coco. On l'obtient tout simplement en perçant la noix de coco avec un clou et un marteau.

On se sert de **l'eau de rose** pour parfumer certains plats indiens et moyen-orientaux. On prétend que celle-ci a des propriétés nutritives et rafraîchissantes. On peut s'en procurer dans les magasins d'aliments naturels et certaines épiceries spécialisées.

Yogourt acidophilus

Lait de coco

Lait de vache

Lait d'avoine

Lait de riz

Lait de soja

Yogourt de soja

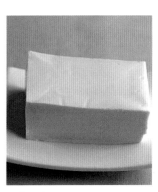

Tofu velouté

Eau d'orge

Eau de coco

Eau de rose

Préparations à base d'herbes et suppléments nutritionnels

Le jus d'aloès est obtenu en écrasant les feuilles charnues de l'*aloès vera*. On prétend que ce jus a des propriétés cicatrisantes. Le produit est vendu en bouteilles au rayon des produits réfrigérés des magasins d'aliments naturels.

La mélasse noire des Barbades est un sous-produit du raffinage du sucre. C'est une mélasse d'une qualité inférieure d'une couleur foncée et d'un goût légèrement amer mais qui est riche en nutriments, surtout le calcium et le fer. On en trouve dans les magasins d'aliments naturels.

La levure de bière est une bonne source naturelle de vitamines B, de protéines et de chrome. On la vend sous forme de poudre dans les magasins d'aliments naturels. À ne pas confondre avec les autres types de levures.

La chlorophylle liquide est une forme concentrée de la substance qui donne leur couleur verte aux plantes. La chlorophylle a des propriétés cicatrisantes et on s'en sert souvent pour combattre la mauvaise haleine et les odeurs corporelles. Le produit est vendu dans les magasins d'aliments naturels.

Les gouttes d'échinacée sont obtenues à partir de l'échinacée, une plante réputée pour renforcer le système immunitaire. On les croit particulièrement efficaces contre un début de grippe ou d'autres problèmes respiratoires. Les produit est vendu dans les magasins d'aliments naturels ou les herboristeries.

Les gouttes de ginkgo proviennent de l'arbre *Ginkgo biloba*. On prétend que celles-ci stimulent la circulation sanguine, soulagent l'acouphène et favorisent la mémoire. Ce produit est vendu dans les magasins d'aliments naturels.

La glucosamine est une substance dont l'organisme a besoin pour réparer son cartilage et garder ses jointures en santé. Comme supplément nutritionnel, la glucosamine peut être utile aux athlètes et à ceux qui souffrent d'ostéoarthrite. On la vend sous forme de poudre dans les magasins d'aliments naturels.

La poudre de guarana est obtenue à partir des graines moulues de *Paullinia cupana*, un arbre de la forêt brésilienne. Cette poudre contient de la caféine et a un effet énergétique qui lui est comparable. Le produit est vendu dans les magasins d'aliments naturels et certains supermarchés.

La L-carnitine est un acide aminé qui contribue à la métabolisation des gras et à leur utilisation comme «carburant» par le système. Le produit se vend sous forme de poudre dans les magasins d'aliments naturels.

Jus d'aloès vera

Mélasse noire des Barbades

Levure de bière

Chlorophylle liquide

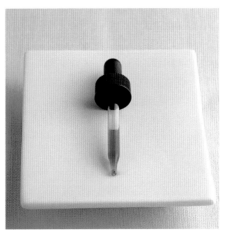

Gouttes d'échinacée

Gouttes de ginkgo

Glucosamine

Poudre de guarana

L-carnitine

La lécithine est une substance qui contribue à la dégradation des gras et du cholestérol dans l'organisme. Elle peut aider à combattre les problèmes de santé reliés à l'excès de gras dans l'organisme tels que les maladies artérielles et les calculs biliaires. Le produit est vendu sous forme de granules dans les magasins d'aliments naturels.

La poudre d'orme rouge est constituée de l'écorce finement moulue de l'arbre du même nom. On s'en sert surtout pour adoucir les muqueuses enflammées de toutes les parties du système digestif. Le produit est vendu dans les magasins d'aliments naturels.

La poudre de protéine de petit-lait est un sous-produit laitier. C'est une source d'acides aminés essentiels au bon fonctionnement musculaire. On peut s'en procurer, à prix fort, sous forme de boissons destinées aux sportifs (et qui comprennent d'autres ingrédients tels que du sucre et des parfums divers) ou, à prix moindre, comme supplément nutritionnel dans les magasins d'aliments naturels.

La poudre de spiruline est fabriquée à partir de divers types d'algues et contient beaucoup de nutriments. Cette poudre est riche en protéines (particulièrement destinées aux végétariens) et contient tous les acides aminés essentiels au bon fonctionnement de l'organisme. La spiruline est vendue dans les magasins d'aliments naturels.

Les graines de psyllium sont des fibres solubles qui traversent le système digestif en le nettoyant. Le produit est vendu dans les magasins d'aliments naturels et certains supermarchés.

Le germe de blé est la partie du grain de blé rejetée lors de la fabrication de la farine blanche. Le germe de blé est très nutritif, riche en vitamines E et B. Le produit est vendu dans les magasins d'aliments naturels et les supermarchés.

Le blé vert est constitué de grains de blé qu'on fait germer et qu'on récolte au moment où leur concentration en nutriments est la plus élevée. On dit que le blé vert est une excellente source de vitamines (B, C et E), de sels minéraux (calcium, magnésium, potassium et fer), d'enzymes, d'acides aminés et de chlorophylle. Pour être bien digéré, le produit doit être transformé en jus.

Le jus de blé vert. Les centrifugeuses à usage domestique normales n'étant pas capables de transformer le blé vert en jus, on peut soit se procurer un modèle de centrifugeuse plus puissant, soit en acheter au rayon des produits réfrigérés des magasins d'aliments naturels. Le produit doit être utilisé dans les 36 heures suivant sa fabrication.

Lécithine

Poudre d'orme rouge

Poudre de protéine de petit-lait

Poudre de spiruline

Graines de psyllium

Germe de blé

Blé vert

Jus de blé vert

Goûts, saveurs et parfums

Édulcorants

Utilisé en cuisine en Asie du Sud-Est, **le sucre de palme** est fabriqué à partir de la sève du cocotier et du palmier à sucre. Sa couleur varie du brun foncé au doré pâle et ce sucre a une texture friable. On le vend en pains dans les épiceries spécialisées et les magasins d'aliments naturels.

Le miel est facilement trouvable partout mais sa qualité et sa saveur varient beaucoup. Il faut de préférence utiliser un miel cru (non chauffé). Ce produit se vend dans les magasins d'aliments naturels.

La poudre de caroube est obtenue à partir des fruits grillés de la plante et a une apparence, une saveur et une texture semblables à celles de la poudre de cacao. Même s'il ne s'agit pas d'un édulcorant proprement dit, on s'en sert souvent comme succédané du chocolat. Le produit contient beaucoup de vitamines et de sels minéraux, mais pas de caféine.

Noix et graines

Les amandes moulues. On peut les acheter telles quelles ou entières et les moudre soi-même.

Les noix du Brésil sont une bonne source de magnésium. Comme leur nom l'indique, ces noix assez grosses, allongées et à trois côtés proviennent du Brésil.

La poudre de graines de lin. Comme les huiles contenues dans les graines de lin se détériorent rapidement, il est préférable de les moudre soi-même.

L'huile de graines de lin se vend en bouteilles au rayon des produits réfrigérés des magasins d'aliment naturels. Comme c'est un produit très périssable, il faut le garder au froid et l'utiliser avant la date de péremption indiquée.

Le beurre d'arachides est une pâte fabriquée à partir d'arachides moulues. Il est préférable d'acheter le beurre d'arachides naturel vendu dans les magasins d'aliments naturels plutôt que les marques commerciales qui contiennent du sel et du sucre.

Les graines de tournesol moulues. Comme ce produit n'est pas vendu sur le marché, il faut moudre ses graines de tournesol soi-même. Celles-ci sont une bonne source de thiamine, vitamine E et silicone.

Le tahini est fabriqué à partir de graines de sésame moulues. Très utilisé en cuisine au Moyen-Orient (dans le hoummos, par exemple), c'est un produit riche en calcium, phosphore et magnésium.

ÉDULCORANTS
Haut : sucre de palme
Au milieu : miel
Bas : poudre de caroube

NOIX ET GRAINES
Haut : huile de graines de lin
Deuxième rangée (de gauche à droite) : tahini,
beurre d'arachides
Troisième rangée (de gauche à droite) : poudre de
graines de lin, noix du Brésil
Bas (de gauche à droite) : graines de tournesol moulues,
amandes moulues

Épices

L'asa fœtida est une épice moulue obtenue à partir de la férule, une ombellifère cultivée en Inde et au Moyen-Orient. On s'en sert comme produit médicinal pour soigner la toux et d'autres problèmes respiratoires ainsi que contre les flatulences.

Le poivre noir. Il est toujours préférable d'acheter des grains de poivre noir entiers et de les moudre soi-même à mesure. Le poivre favorise la digestion et la circulation sanguine.

La cardamome est fréquemment utilisée en cuisine indienne. On la vend sous forme de fruits entiers, de graines ou de poudre. La cardamome favorise la digestion et combat efficacement la toux et la grippe.

La cannelle se vend sous forme de bâtons ou moulue. Utilisée dans les plats sucrés ou salés, la cannelle est excellente pour la circulation sanguine et la digestion.

Les graines de coriandre. Utilisées entières ou moulues dans de nombreux pays, les graines de coriandre sont une composante importante de plusieurs mélanges d'épices. Elles stimulent le système digestif et s'avèrent efficaces contre les infections des voies urinaires.

Le piment de Cayenne se vend sous forme de poudre et sert à relever divers plats. Il accroît la circulation sanguine et favorise la digestion et la décongestion.

Les graines de fenugrec, une plante de la famille des légumineuses, sont le plus souvent moulues et utilisées dans les mélanges de poudre de curry. Le fenugrec a des propriétés anti-inflammatoires et expectorantes.

Le gingembre est utilisé frais ou séché et moulu. Il est excellent pour la digestion, la circulation sanguine et contre les nausées. On s'en sert dans de nombreux plats tant salés que sucrés.

Le safran est obtenu à partir des stigmates séchés d'une variété de crocus; comme ceux-ci sont cueillis à la main, son prix est très élevé. Il est utilisé en cuisine pour parfumer et colorer certains plats; en herboristerie, on s'en sert pour traiter la dépression.

L'extrait de vanille est fabriqué à partir des gousses de la plante du même nom. On s'en sert dans de nombreux plats sucrés.

La muscade est une épice moulue fréquemment utilisée dans les desserts sucrés à base de lait ou d'oeufs. Médicinalement, on s'en sert pour provoquer le sommeil.

ÉPICES
Haut : extrait de vanille
Deuxième rangée (de gauche à droite) : fenugrec moulu, coriandre moulue, cardamome moulue, bâtons de cannelle
Troisième rangée (de gauche à droite) : piment de Cayenne, gingembre moulu, cannelle moulue, poivre noir moulu
Quatrième rangée (de gauche à droite) : graines de coriandre, muscade moulue, asa fœtida, safran

RECETTES

Dépuration

Nous dépensons beaucoup de temps et d'énergie à nettoyer notre maison, nos vêtements, nos cheveux et notre peau mais nous négligeons souvent de nettoyer l'intérieur de notre corps. Parce que nous vivons dans un environnement surchargé, notre système n'est pas toujours efficacement nettoyé des toxines et des déchets qui s'y accumulent.

Beaucoup de nos aliments ont été transformés et contiennent des couleurs, parfums et préservatifs artificiels. Nous consommons de l'alcool quotidiennement et l'eau du robinet contient souvent des éléments indésirables. L'air que nous respirons et les produits que nous utilisons contribuent à l'accumulation des toxines dans l'organisme. Au mieux, cela nous rend léthargiques ; au pire, cela peut provoquer des maladies graves.

Que faut-il faire ? Les régimes dépuratifs et désintoxicants sont plus ou moins draconiens et peuvent consister en un jeûne complet ou en des changements légers apportés à son alimentation ou à son style de vie. Toutes les restrictions importantes apportées à son alimentation habituelle doivent être soigneusement suivies par un naturopathe ou un médecin. Au moment de suivre un régime dépuratif, il faut tenir compte de plusieurs facteurs importants. D'abord, il faut éliminer de son alimentation tous les aliments transformés pour les remplacer par des aliments le plus naturels possible. Il faut manger beaucoup de salade crue arrosée seulement d'un filet de jus de citron. Les légumes doivent être légèrement cuits soit à la vapeur, soit frits dans un peu d'huile pressée à froid. On doit éliminer de son alimentation le café, l'alcool et les boissons gazeuses. Pour un programme dépuratif simple de trois jours (cure de jus), voir les pages 100-103.

Ensuite, assurez-vous que les organes de votre corps qui contrôlent la dépuration et l'élimination des déchets et des toxines sont en bon état de fonctionnement. Le foie joue un rôle important dans l'élimination des toxines du système et il est nécessaire de suivre une diète faible en gras pour qu'il fonctionne à son mieux. La consommation d'alcool, de gras saturés, de plats épicés, de thé et de café accroît la charge de travail du foie et doit donc être réduite au minimum. Les reins contribuent aussi à l'élimination des toxines en les filtrant. Beaucoup de recettes de ce livre contiennent des ingrédients qui stimulent le foie et les reins et qui sont naturellement laxatifs et diurétiques.

Il est aussi très important d'examiner votre environnement immédiat afin d'y détecter tout ce qui peut être nocif. Il faut éviter d'employer les produits de nettoyage chimiques avec excès de même que les insecticides et les soi-disant purificateurs d'air. Une recherche récente a démontré qu'à cause des tactiques des compagnies de publicité, nous avons tendance à trop nettoyer nos maisons. Certains produits de nettoyage sont pourtant beaucoup plus dommageables qu'un peu de saleté.

Délice orangé

Voici le jus tout indiqué pour les jours où vous avez décidé, peut-être après une période d'excès, de manger légèrement. La mangue adoucit les muqueuses de l'estomac et des intestins, et la médecine ayurvédique prétend qu'elle a des propriétés rajeunissantes. La papaye contient un ferment, la papaïne, qui favorise la digestion. L'ananas contient des enzymes qui suppriment l'appétit. La mangue et la papaye sont riches en bêta-carotène, un antioxydant qui contribue à éliminer les radicaux libres de l'organisme. Tous les fruits ci-dessous sont riches en vitamine C, un antioxydant puissant.

1 orange pelée, épépinée et hachée
1/2 mangue pelée, pulpe détachée du noyau
1/2 petite papaye pelée, épépinée et hachée
1/4 d'ananas pelé, paré et haché

Passer tous les fruits à la centrifugeuse.
Donne environ 500 ml (2 tasses) ; pour 2 personnes.

Boisson aux prunes et aux pommes

Les pruneaux sont naturellement laxatifs et les pommes sont riches en fibres solubles (sous forme de pectine). Les graines de psyllium favorisent l'élimination des toxines et le cassis est riche en antioxydants.

4 pruneaux dénoyautés
180 ml (3/4 de tasse) d'eau
2 pommes non pelées, parées et hachées
125 g (1 tasse) de cassis ou de bleuets (myrtilles)
frais ou décongelés
2 c. à thé (10 ml) de graines de psyllium

Dans une petite casserole, mélanger les pruneaux et l'eau et amener à ébullition. Réduire le feu, couvrir et laisser mijoter 10 minutes. Laisser refroidir. Passer les pommes et le cassis à la centrifugeuse. Dans le mixeur, bien mélanger le jus de pomme et de cassis de même que les pruneaux et leur jus. Incorporer les graines de psyllium et servir aussitôt.
Donne environ 250 ml (1 tasse) ; pour 1 personne.

Jus de raisin et de pissenlit

Considéré comme une mauvaise herbe, le pissenlit est pourtant un dépuratif puissant du foie et du sang. Des pissenlits, il y en a sûrement dans votre jardin mais assurez-vous, avant de les récolter, qu'il s'agit bien de pissenlits et qu'ils n'ont pas été arrosés d'insecticides. Si vous ne pouvez vous en procurer, servez-vous de 15 g (1/2 tasse) de persil. La lécithine contribue à la dégradation et à l'élimination du cholestérol dans l'organisme tandis que le raisin est légèrement laxatif et rafraîchissant pour l'organisme.

250 g (2 tasses) de raisin rouge
10 feuilles de pissenlit frais
1/2 lime pelée, épépinée et hachée
1 c. à thé (5 ml) de lécithine

À la centrifugeuse, passer tour à tour les feuilles de pissenlit pliées avec le raisin puis avec la lime hachée de manière à ce que les feuilles soient hachées par les lames. Incorporer ensuite la lécithine (qui ne se dissoudra pas complètement).
Donne environ 180 ml (3/4 de tasse) ; pour 1 personne.

À droite : Délice orangé

Boisson à l'orange, au gingembre et aux herbes

Le basilic est antibactérien et purifie le sang. Le thym est aussi antibactérien, particulièrement pour le système gastro-intestinal. Le gingembre stimule la circulation et l'orange fournit la vitamine C antioxydante.

4 feuilles de basilic frais, hachées
2 gros brins de thym
Un morceau de 12 mm ($^1/_2$ po) de gingembre, tranché
250 ml (1 tasse) d'eau bouillante
1 c. à thé (5 ml) de miel
Le jus de 1 grosse orange

Dans une tasse, mélanger les herbes et le gingembre. Ajouter l'eau bouillante et laisser infuser 10 minutes. Passer le liquide, y incorporer le miel puis le jus d'orange. Servir tiède.

Donne environ 300 ml (1 $^1/_4$ tasse) ; pour 1 personne.

Boisson aux canneberges (airelles) et à l'orge

Les canneberges sont riches en vitamine C et en potassium et sont légèrement diurétiques tout en ayant des propriétés antivirales et antibactériennes. L'eau d'orge est adoucissante et alcalinisante et contribue à réduire le cholestérol. On peut acheter de l'eau d'orge préparée ou en faire soi-même en mélangeant 60 g ($^1/_4$ de tasse) d'orge et 750 ml (3 tasses) d'eau dans une casserole. Amener à ébullition puis réduire le feu et laisser mijoter jusqu'à ce que le liquide ait réduit de moitié (30 minutes environ). Passer et laisser refroidir.

1 pomme non pelée, parée et hachée
150 g (1 $^1/_4$ tasse) de canneberges fraîches ou décongelées
125 ml ($^1/_2$ tasse) d'eau d'orge

Passer la pomme et les canneberges à la centrifugeuse. Incorporer l'eau d'orge.

Donne environ 375 ml (1 $^1/_2$ tasse) ; pour 1 personne.

Jus d'épinard et de poivron rouge

Ce jus est riche en antioxydants qui ralentissent le vieillissement des cellules et la dégénérescence. Il contient du calcium, de l'acide folique et du fer. La cannelle stimule la circulation et améliore la digestion.

60 g (2 tasses) d'épinards frais
1 gros poivron rouge épépiné et haché
1 carotte hachée
Un morceau de 12 mm ($^1/_2$ po) de gingembre frais
Une grosse pincée de cannelle moulue

Passer les épinards, le poivron, la carotte et le gingembre à la centrifugeuse. Incorporer la cannelle.

Donne environ 180 ml ($^3/_4$ de tasse) ; pour 1 personne.

À gauche : Boisson à l'orange, au gingembre et aux herbes

Jus de fenouil, poire et menthe

Après une période de relâchement alimentaire, ce jus délicieux favorise la dépuration et l'élimination des toxines et déchets de l'organisme. La poire est légèrement laxative tandis que la menthe et l'asa fœtida réduisent les flatulences et rafraîchissent l'haleine.

¹/₂ fenouil paré
2 poires non pelées, parées et hachées
Une pincée d'asa fœtida
10 feuilles de menthe fraîche, finement hachées

Passer le fenouil et les poires à la centrifugeuse. Incorporer l'asa fœtida et la menthe.

Donne environ 300 ml (1 ¹/₄ tasse) ; pour 1 personne.

Jus de mangue et de litchi

Ce jus est très lénifiant et rafraîchissant. La mangue adoucit les muqueuses de l'estomac et des intestins tandis que le litchi, l'eau de coco et l'eau de rose purifient le sang. L'eau de coco est aussi diurétique et agit sur les reins et les voies urinaires.

2 mangues pelées, pulpe détachée
10 litchis pelés et dénoyautés
250 ml (1 tasse) d'eau de coco
Quelques gouttes d'eau de rose (au goût)

Passer les mangues et les litchis à la centrifugeuse. Incorporer l'eau de coco et l'eau de rose (au goût). Servir aussitôt.

Donne environ 500 ml (2 tasses) ; pour 2 personnes.

Jus de carotte, céleri et roquette

Le céleri contribue à purifier le sang, les reins et la vessie et contient des composés qui contrebalancent les effets des polluants de l'environnement. Le fenugrec abaisse la pression sanguine, purifie le sang et réduit les flatulences.

1 sachet de fenugrec
125 ml (¹/₂ tasse) d'eau bouillante
1 carotte hachée
45 g (1 ¹/₂ tasse) bien tassés de feuilles de roquette
2 branches de céleri hachées

Mettre le sachet de fenugrec dans une tasse et le couvrir d'eau bouillante. Laisser infuser 10 minutes puis retirer le sachet de la tasse et réfrigérer la tisane 20 minutes environ. Passer d'abord la carotte puis la roquette et le céleri à la centrifugeuse. Verser les légumes dans l'infusion et bien mélanger le tout.

Donne environ 250 ml (1 tasse) ; pour 1 personne.

À droite : Jus de fenouil, poire et menthe

Jus de cantaloup, bleuets (myrtilles) et menthe

Le cantaloup contient l'antioxydant appelé bêta-carotène et sa haute teneur en eau aide à nettoyer le système. Les bleuets sont riches en vitamine C et en composés anti-bactériens qui aident à combattre les infections gastro-intestinales et celles des voies urinaires. La menthe est une herbe digestive et le persil est diurétique.

15 g (¹/₂ tasse) bien tassés de feuilles et de tiges de persil
10 feuilles de menthe fraîche
¹/₂ cantaloup pelé, épépiné et haché
125 g (1 tasse) de bleuets (myrtilles) frais ou décongelés

Passer tour à tour le persil et la menthe avec le cantaloup puis les bleuets à la centrifugeuse. Bien mélanger le tout.
Donne environ 375 ml (1 ¹/₂ tasse) ; pour 1-2 personnes.

Jus de carotte, pomme et concombre

Du fait que le concombre a un effet refroidissant sur le corps et est légèrement diurétique, ce jus est très rafraî-chissant. Les pommes sont riches en vitamine C et en fibres solubles. Les sucres naturels de la pomme four-nissent une énergie bien appréciée durant un jeûne ou demi-jeûne. Les carottes sont riches en bêta-carotène, un antioxydant très efficace.

1 petit concombre haché
1 grosse pomme non pelée, parée et hachée
1 carotte hachée

Passer tous les ingrédients à la centrifugeuse.
Donne environ 250 ml (1 tasse) ; pour 1 personne.

Jus de cresson d'eau et d'orange

Ce jus contient beaucoup de chlorophylle, un purificateur du sang. La laitue contient beaucoup d'eau et est donc rafraîchissante et dépurative. La luzerne favorise la diges-tion et abaisse le taux de cholestérol. La vitamine C de l'orange aide l'organisme à assimiler le fer contenu dans le cresson d'eau.

60 g (2 tasses) bien tassés de cresson d'eau
60 g (2 oz) de luzerne germée
2 grandes feuilles de laitue iceberg
2 oranges pelées, épépinées et hachées

Passer tous les ingrédients à la centrifugeuse.
Donne environ 250 ml (1 tasse) ; pour 1 personne.

À droite : Jus de cantaloup, bleuets (myrtilles) et menthe

Jus de betterave, épinard et poire

La betterave stimule le foie, purifie le sang et, tout en étant riche en vitamines et en sels minéraux, contribue à nettoyer le système digestif. L'épinard contient des caroténoïdes et de la vitamine C, deux antioxydants qui favorisent l'élimination des radicaux libres présents dans l'organisme. La poire contient des fibres solubles et donne un goût sucré à ce mélange.

60 g (2 tasses) bien tassés d'épinards frais
1 betterave parée, non pelée et hachée
1 poire non pelée, parée et hachée
Eau de source ou eau filtrée (facultatif)

Passer les épinards puis la betterave et la poire à la centrifugeuse. Allonger le jus avec un peu d'eau, au goût.
Donne environ 180 ml (³/₄ de tasse) ; pour 1 personne.

Jus de radis, persil et carotte

Ce jus au goût piquant a des propriétés diurétiques. Le radis contient des composés anticancéreux aussi bien que du magnésium qui favorise le fonctionnement des muscles et du système nerveux. Les antioxydants de la carotte favorisent l'élimination des radicaux libres présents dans l'organisme.

2 radis parés et hachés
30 g (1 tasse) bien tassés de feuilles et tiges de persil
2 grosses carottes hachées

Passer les radis puis le persil et les carottes à la centrifugeuse.
Donne environ 250 ml (1 tasse) ; pour 1 personne.

À gauche : Jus de betterave, épinard et poire

Jus de pêche, prune et framboises

Les prunes à chair rouge sont l'un des fruits les plus riches en antioxydants. Les pêches contiennent du potassium qui favorise l'élimination des déchets de l'organisme. Les framboises ont la réputation de nettoyer et de désintoxiquer le système digestif et sont une bonne source de vitamine C et de fibres. Les graines de psyllium favorisent l'élimination des déchets et toxines du corps.

1 pêche non pelée, dénoyautée et hachée
2 prunes à pulpe rouge dénoyautées et hachées
125 g (1 tasse) de framboises fraîches ou décongelées
2 c. à thé (10 ml) de graines de psyllium

Passer les fruits à la centrifugeuse. Incorporer les graines de psyllium et servir aussitôt.
Donne environ 375 ml (1 ¹/₂ tasse) ; pour 1 personne.

Énergie

Nutritionnellement, le mot énergie fait référence à la quantité de calories (kilojoules) présentes dans un aliment. Cela ne signifie pas que ce chapitre contient des recettes de boissons riches en calories mais plutôt que celles-ci fournissent de l'énergie sous forme de fructose en mélange avec toutes sortes de vitamines et de sels minéraux propres à nourrir l'organisme. Que vous fassiez un travail physique ardu, un travail assis à un bureau ou teniez ménage et soyez responsable d'une famille, vous devez vous sentir au mieux de votre forme en tout temps et être capable de faire face à tout problème éventuel.

Quoi de plus facile, quand nous avons besoin d'énergie, que de prendre une barre de chocolat, une boisson gazeuse ou un café? Le problème avec ces produits, c'est que, s'ils nous donnent un regain d'énergie rapide, celui-ci n'est pas soutenu et nous finissons par nous sentir plus épuisés qu'au départ. Cela nous pousse souvent à consommer un autre café ou une autre barre de chocolat et finit par créer un cercle vicieux de hauts et de bas.

On croit souvent que les boissons énergétiques sont longues et difficiles à faire. Il est bien évident que si vous êtes à la maison durant le jour, il vous sera plus facile de faire ces boissons. Toutefois, si vous avez vraiment décidé de mener un style de vie plus sain, pourquoi ne pas songer à installer une centrifugeuse ou un mixeur dans la cuisine de votre lieu de travail? Vos partenaires de travail seront probablement intéressés à s'en servir, ce qui vous permettra de réduire les coûts reliés à l'achat d'une telle machine (vous pouvez aussi essayer de mettre vos patrons dans le coup en leur représentant la productivité accrue que celle-ci ne manquera pas d'apporter). Une fois que vous aurez pris l'habitude de faire des jus ou des mélanges de jus, vous n'y penserez même plus et cela ne vous prendra pas plus de temps que de faire du café.

Pour maintenir un niveau d'énergie élevé durant toute la journée, assurez-vous de prendre d'abord un bon petit-déjeuner et de consommer des céréales complètes naturelles plutôt que les marques commerciales bourrées de sucre. Prenez aussi un bon repas riche en protéines et en glucides (un sandwich au thon ou au poulet peut faire l'affaire) le midi, puis un repas assez léger le soir. Entre les repas, trompez vos petites fringales avec des fruits frais ou séchés, des noix ou une des boissons décrites dans ce chapitre.

Essayez de faire de l'exercice durant la journée, surtout si vous travaillez dans un bureau ou occupez un autre emploi sédentaire. Même une simple promenade à l'heure du lunch vous redonnera de l'énergie pour l'après-midi. Il est toujours surprenant de voir comment une dépense d'énergie, même petite, peut vous faire vous sentir plus énergique encore.

Banane et mangue frappées

Cette boisson légère et rafraîchissante est tout indiquée pour une chaude journée d'été. À elle seule, la banane fournit toute l'énergie requise entre deux repas.

1 banane mûre pelée et hachée
1 petite mangue pelée, pulpe détachée et hachée
6 glaçons

Dans le mixeur, mélanger tous les ingrédients et les réduire en purée lisse et mousseuse. Servir aussitôt.
Donne environ 375 ml (1 ¹/₂ tasse); pour 1 personne.

Boisson tonique aux fraises et au melon d'eau

Dans cette délicieuse boisson, on trouve à la fois l'énergie fournie par les sucres du raisin et l'effet rafraîchissant du melon d'eau. Les fraises et la lime regorgent de vitamine C, et le guarana donne un regain d'énergie naturel.

220 g (1 ¹/₃ tasse) de pulpe de melon d'eau épépinée et hachée
125 g (1 tasse) de fraises fraîches ou décongelées
125 g (1 tasse) de raisin frais
¹/₂ lime pelée, épépinée et hachée
¹/₂ c. à thé (2,5 ml) de poudre de guarana

Passer le melon d'eau, les fraises, le raisin et la lime à la centrifugeuse. Incorporer le guarana et servir aussitôt.
Donne environ 300 ml (1 ¹/₄ tasse); pour 1 personne.

Jus de cantaloup et de papaye

Quelquefois, nous sommes légèrement déshydratés sans nous en rendre compte et cela peut provoquer de la fatigue. La cantaloup est très riche en eau, sodium et potassium qui réhydratent l'organisme. La papaye favorise la digestion, la chlorophylle provoque la formation de globules rouges et la menthe stimule la clarté d'esprit.

¹/₄ de cantaloup pelé, épépiné et haché
¹/₂ petite papaye pelée, épépinée et hachée
10 feuilles de menthe fraîche
1 c. à thé (5 ml) de chlorophylle liquide, ou tel qu'il est indiqué sur la bouteille (facultatif)

Passer le cantaloup et la papaye avec la menthe à la centrifugeuse. Incorporer la chlorophylle et servir aussitôt.
Donne environ 375 ml (1 ¹/₂ tasse); pour 1 personne.

À gauche: Banane et mangue frappées

Petit-déjeuner à boire

Les gens intolérants au lactose peuvent se servir ici de lait de riz ou de soja, de préférence enrichi de calcium. Ils peuvent aussi se servir de yogourt de soja même si la plupart d'entre eux peuvent consommer du yogourt ordinaire. Les amandes et les graines de tournesol moulues fournissent des acides gras non saturés et le germe de blé fournit les vitamines B et E. Si vous y mettez une banane mûre, cette boisson devrait être assez sucrée, mais vous pouvez toujours y ajouter un peu de miel au goût.

250 ml (1 tasse) de lait
125 g ($^1/_2$ tasse) de yogourt naturel
1 banane mûre, pelée et hachée
125 g (1 tasse) de fraises fraîches ou décongelées
2 c. à soupe (30 ml) d'amandes moulues
1 c. à soupe (15 ml) de graines de tournesol moulues
2 c. à thé (10 ml) de germe de blé

Dans le mixeur, mélanger tous les ingrédients et les réduire en purée lisse et mousseuse. Servir aussitôt.
Donne environ 625 ml (2 $^1/_2$ tasses) ; pour 2 personnes.

Lait frappé aux figues, prunes et soja

Ce lait frappé très consistant et très rassasiant constitue un petit-déjeuner ou un lunch idéal pour quiconque n'a pas le temps de s'asseoir pour manger. Les fruits séchés constituent une excellente source d'énergie concentrée tout autant que les noix et les graines. Ils sont aussi riches en sels minéraux comme le fer et le calcium, et le lait de soja fournit les vitamines B et les protéines.

3 figues séchées, hachées
3 dattes séchées, dénoyautées et hachées
180 ml ($^3/_4$ de tasse) d'eau et de l'eau filtrée, au goût
2 prunes à pulpe rouge dénoyautées et hachées
250 ml (1 tasse) de lait de soja
1 c. à soupe (15 ml) de graines de tournesol moulues
1 c. à soupe (15 ml) d'amandes moulues

Dans une petite casserole, mélanger les figues, les dattes et 180 ml ($^3/_4$ de tasse) d'eau. Amener à ébullition puis réduire le feu, couvrir et laisser mijoter 10 minutes environ. Laisser refroidir. Mettre le mélange dans le mixeur et ajouter les prunes, le lait de soja, et les graines de tournesol et amandes moulues. Réduire en purée lisse et mousseuse. Allonger avec plus d'eau au goût avant de servir.
Donne environ 625 ml (2 $^1/_2$ tasses) ; pour 2 personnes.

Jus d'orange, ananas et mangue

Les fruits utilisés dans ce mélange fournissent beaucoup d'énergie (sous forme de fructose) de même que tous les bénéfices présents dans les antioxydants, les fibres et les vitamines C et B6. Le guarana est un stimulant naturel.

1 grosse orange pelée, épépinée et hachée
1 mangue pelée, pulpe détachée et hachée
$^1/_4$ d'ananas pelé, paré et haché
$^1/_2$ c. à thé (2,5 ml) de poudre de guarana

Passer l'orange, la mangue et l'ananas à la centrifugeuse. Incorporer le guarana et servir aussitôt.
Donne environ 300 ml (1 $^1/_4$ tasse) ; pour 1 personne.

À droite : Petit-déjeuner à boire

Panaché aux pêches, abricots et tahini

Cette boisson nutritive vous remontera le moral les jours où vous en avez besoin. Ce mélange est riche en bêta-carotène, calcium, magnésium et zinc, et la cardamome adoucit l'haleine, réduit les flatulences et facilite la digestion.

1 grosse pêche non pelée, dénoyautée et hachée
2 figues fraîches, hachées
250 ml (1 tasse) de nectar d'abricot
1 c. à soupe (15 ml) de tahini
Une pincée de cardamome moulue
Eau de source ou eau filtrée, au goût (facultatif)

Dans le mixeur, mélanger tous les ingrédients (sauf l'eau) jusqu'à ce que le mélange soit bien lisse. Allonger avec un peu d'eau au goût.
Donne environ 500 ml (2 tasses) ; pour 2 personnes.

Lait frappé à la caroube et aux fraises

Une petite gâterie du matin ou de l'après-midi pour les enfants ! Les fraises sont riches en fibres tout en ayant la propriété de neutraliser la plaque qui provoque les caries dentaires. La poudre de caroube et les amandes moulues fournissent des protéines et du calcium et, comme le sucre de palme est un glucide à libération lente, votre niveau d'énergie restera élevé.

125 g (1 tasse) de fraises fraîches ou décongelées
180 ml ($^3/_4$ de tasse) de lait
1 c. à soupe (15 ml) de poudre de caroube
1 c. à soupe (15 ml) d'amandes moulues
1 $^1/_2$ c. à thé (7,5 ml) de sucre de palme

Dans le mixeur, réduire tous les ingrédients en purée lisse et mousseuse.
Donne environ 375 ml (1 $^1/_2$ tasse) ; pour 1-2 personnes.

Boisson à la nectarine, à l'ananas et au ginseng

Voici une boisson tout indiquée pour une baisse d'énergie de milieu d'après-midi. Au lieu de boire une boisson gazeuse ou un café, essayez ce mélange très rafraîchissant qui n'est pas seulement délicieux mais contient du bêta-carotène et de la vitamine C, deux antioxydants notoires, et du potassium, très utile pour une bonne pression sanguine. Le ginseng redonne de l'énergie, renforce la mémoire et stimule le système immunitaire.

1 sachet de ginseng
125 ml ($^1/_2$ tasse) d'eau bouillante
$^1/_4$ d'ananas pelé, paré et haché
1 nectarine dénoyautée et hachée

Mettre le sachet de ginseng dans une tasse et le couvrir d'eau bouillante. Laisser infuser 10 minutes puis retirer le sachet et réfrigérer le liquide 30 minutes environ. Passer l'ananas et la nectarine à la centrifugeuse. Incorporer le jus obtenu dans l'infusion et bien mélanger le tout.
Donne environ 375 ml (1 $^1/_2$ tasse) ; pour 1 personne.

À gauche : Panaché aux pêches, abricots et tahini

Boisson à l'ananas et à la noix de coco

La noix de coco est très nutritive, surtout pour le système nerveux. Elle contient, entre autres nutriments, des protéines, du calcium, du magnésium et du potassium. L'ananas est riche en vitamines A et C et, avec la menthe, favorise la digestion.

1/2 ananas pelé, paré et haché
125 ml (1/2 tasse) de lait de coco
6 feuilles de menthe fraîche, finement hachées

Passer l'ananas à la centrifugeuse. Incorporer le lait de coco et la menthe.

Donne environ 375 ml (1 1/2 tasse) ; pour 1 personne.

Jus d'épinard, de carotte et d'orange

La fatigue due à une carence en fer est un problème autant pour les hommes que pour les femmes et peut affecter les gens qui viennent de se convertir au végétarisme. La vitamine C de l'orange permet une meilleure absorption du fer dont cette boisson regorge. La spiruline contient des protéines de même que plusieurs nutriments dont le bêta-carotène et la vitamine B12.

60 g (2 tasses) bien tassés de feuilles d'épinard
1 carotte hachée
1 orange pelée, épépinée et hachée
1/2 c. à thé (2,5 ml) de poudre de spiruline

Passer les épinards puis la carotte et l'orange à la centrifugeuse. Incorporer la spiruline et servir aussitôt.

Donne environ 250 ml (1 tasse) ; pour 1 personne.

Boisson aux poires et aux dattes

Dans cette boisson, les dattes fournissent de l'énergie ; les poires, des fibres solubles ; la mélasse, du fer ; et le lait de riz, les vitamines B.

6 dattes séchées, dénoyautées et hachées
180 ml (3/4 de tasse) d'eau
1 c. à thé (5 ml) de mélasse noire des Barbades
2 poires non pelées, parées et hachées
125 ml (1/2 tasse) de lait de riz

Dans une petite casserole, mélanger l'eau et les dattes. Amener à ébullition puis réduire le feu, couvrir et laisser mijoter 10 minutes environ. Laisser refroidir. Dans un petit bol, bien mélanger 1 c. à soupe (15 ml) du liquide chaud et la mélasse. Passer les poires à la centrifugeuse. Dans le mixeur, mélanger les dattes et leur jus de cuisson, la mélasse et le lait de riz. Réduire le tout en purée lisse et mousseuse.

Donne environ 250 ml (1 tasse) ; pour 1 personne.

À droite : Boisson à l'ananas et à la noix de coco

Jus de kiwi et de cantaloup à la spiruline

Ce jus est léger et rafraîchissant et fournit beaucoup de vitamines C et A. La spiruline est très riche en nutriments divers comme des protéines, du fer, du calcium, de la vitamine B12 et du bêta-carotène. Elle a aussi la propriété de supprimer l'appétit.

1/4 de cantaloup pelé, épépiné et haché
2 kiwis pelés et hachés
1/2 c. à thé (2,5 ml) de poudre de spiruline

Passer le cantaloup et les kiwis à la centrifugeuse. Incorporer la spiruline et servir aussitôt.

Donne environ 250 ml (1 tasse); pour 1 personne.

Jus de betterave et de carotte au romarin

Voici une boisson tout indiquée pour quiconque travaille dans un bureau. Le ginkgo et le romarin contribuent à améliorer la circulation sanguine et stimulent la mémoire. La betterave est riche en acide folique, calcium et fer. Le bêta-carotène contenu dans la carotte est un antioxydant très efficace.

1 betterave parée, non pelée et hachée
1 grosse carotte hachée
1 c. à thé (5 ml) de ginkgo liquide, ou tel qu'il est indiqué sur la bouteille
1/2 c. à thé (2,5 ml) de romarin frais finement haché

Passer la betterave et la carotte à la centrifugeuse. Incorporer le ginkgo et le romarin. Servir aussitôt.

Donne environ 180 ml (3/4 de tasse); pour 1 personne.

Smoothie aux pêches et aux raisins secs

Les enfants adoreront le goût sucré de cette boisson tout en bénéficiant de l'énergie contenue dans le sucre des raisins, des protéines du lait de soja et des vitamines A et C et du zinc contenus dans les pêches. La cannelle améliore la digestion et stimule la circulation.

60 g (1/3 de tasse) de raisins secs dorés Sultana
2 pêches non pelées, dénoyautées et hachées
250 ml (1 tasse) de lait de soja
Une pincée de cannelle moulue

Mettre les raisins secs dans un petit bol et les couvrir d'eau bouillante. Laisser reposer 5 minutes puis passer. Dans le mixeur, mélanger les raisins et les autres ingrédients. Réduire le tout en purée lisse et mousseuse.

Donne environ 500 ml (2 tasses); pour 2 personnes.

À gauche: Jus de kiwi et de cantaloup à la spiruline

Boisson aux pruneaux, au miel et au lait d'avoine

Voici une recette de boisson très énergétique pour les jours où vous avez une grosse charge de travail. Le lait d'avoine nourrit le système nerveux et contribue à contrer les effets du stress, le yogourt soulage le système digestif et les prunes fournissent beaucoup d'énergie de même que du fer et de la vitamine B6. Le safran a la réputation de combattre la dépression.

6 pruneaux dénoyautés et hachés
180 ml (^{3}/$_4$ de tasse) d'eau
1 c. à thé (5 ml) de miel
Une pincée de safran
1 c. à soupe (15 ml) d'eau chaude
250 ml (1 tasse) de lait d'avoine
180 g (^{3}/$_4$ de tasse) de yogourt aux abricots

Dans une petite casserole, mélanger les pruneaux et l'eau. Amener à ébullition, réduire le feu, couvrir et laisser mijoter jusqu'à ce que les pruneaux soient mous, 10 minutes environ. Dans un petit bol, mélanger le miel et le safran. Ajouter l'eau bouillante et mélanger pour dissoudre le miel. Laisser reposer le safran, 5 minutes environ. Dans le mixeur, mélanger les pruneaux et leur jus de cuisson, le lait d'avoine, le yogourt et le liquide au safran. Réduire le tout en purée lisse et mousseuse.

Donne environ 500 ml (2 tasses) ; pour 2 personnes.

Jus de prune, cassis et raisin

Si vous avez l'habitude de manger des friandises quand vous avez besoin d'un regain d'énergie, essayez plutôt cette boisson. Les raisins sont riches en sels minéraux (dont le chrome qui prévient les fringales). Le cassis contient des flavonoïdes qui sont antioxydants. Le fenouil stimule le système digestif.

1 grosse prune rouge dénoyautée et hachée
125 g (1 tasse) de cassis ou de bleuets (myrtilles) frais ou décongelés
125 g (1 tasse) de raisin rouge
^{1}/$_4$ de fenouil paré et haché

Passer tous les ingrédients à la centrifugeuse.
Donne environ 250 ml (1 tasse) ; pour 1 personne.

Jus de pomme et d'agrumes au ginseng

Le ginseng stimule l'esprit et l'organisme tout en soulageant de la fatigue mentale et physique. La pomme et les agrumes sont de bonnes sources de vitamine C et contribuent à renforcer le système immunitaire qui peut être affecté par le surmenage.

1 sachet de ginseng
125 ml (^{1}/$_2$ tasse) d'eau bouillante
1 grosse orange pelée, épépinée et hachée
1 petite lime pelée, épépinée et hachée
1 pomme non pelée, parée et hachée

Mettre le ginseng dans une tasse et le couvrir d'eau bouillante. Laisser infuser 10 minutes puis jeter le sachet et réfrigérer le liquide 20 minutes environ. Passer l'orange, la lime et la pomme à la centrifugeuse. Incorporer l'infusion de ginseng et servir.

Donne environ 300 ml (1 ^{1}/$_4$ tasse) ; pour 1 personne.

À droite : Boisson aux pruneaux, au miel et au lait d'avoine

Entraînement

Il est nécessaire de faire de l'exercice tant pour maintenir un poids normal que pour prévenir des problèmes de santé comme le diabète, les maladies cardiaques ou même la dépression. Pour y arriver, pas besoin d'être un athlète professionnel, une marche de trente minutes trois ou quatre fois par semaine suffit pour contrer les problèmes éventuels causés par un style de vie sédentaire.

Quels que soient la forme d'exercice que vous pratiquiez et le niveau d'intensité avec lequel vous le faites, une bonne nutrition est essentielle au fonctionnement optimal du corps. Les gens qui font un travail ardu ont des exigences physiques plus grandes mais, le plus souvent, en suivant quelques grands principes, vous assurerez à votre organisme une nutrition adéquate.

Ce chapitre propose des boissons nutritives dont certaines s'adressent plus spécifiquement aux sportifs (ce qui n'en fera pas nécessairement des champions olympiques!). Les nutritionnistes sportifs sont des scientifiques hautement spécialisés et les athlètes professionnels d'aujourd'hui sont suivis par leur entraîneur et des conseillers qui leur suggèrent le régime qui convient le mieux à leur type physique tout autant qu'au sport qu'ils pratiquent.

Les recettes de boissons proposées dans ce livre ont un taux glycémique bas ou élevé. Ce taux indique à quelle vitesse les glucides contenus dans les aliments provoquent l'élévation du taux de sucre dans le sang. Comme les glucides à taux bas n'agissent que progressivement, ils offrent un niveau d'énergie plus soutenu. Ceux qui ont un taux glycémique élevé agissent plus rapidement mais moins longtemps. Pour simplifier les choses, disons que, pour éviter des fluctuations trop marquées dans le taux de sucre du sang, les glucides à taux glycémique bas devraient, de manière à ne pas nuire à votre performance, être consommés avant un événement sportif et ceux à taux élevé, après, de manière à relever rapidement votre niveau d'énergie.

Il existe sur le marché beaucoup de marques de boissons énergisantes spécifiquement conçues pour les athlètes, telles des boissons à base de protéines destinées à ceux qui font de la musculation et d'autres pour remplacer les liquides et électrolytes perdus lors d'un entraînement intensif. Ces boissons sont conçues pour les athlètes professionnels mais sont mises en marché de manière à donner l'impression aux athlètes du dimanche qu'ils peuvent ainsi obtenir de meilleurs résultats. Il faut savoir que ces boissons peuvent coûter cher et que certaines contiennent des additifs inutiles. En faisant vos propres boissons, vous saurez exactement ce qu'elles contiennent et consommerez des fruits et légumes frais et nutritifs pleins de vitamines et de sels minéraux naturels de même que d'enzymes et autres composés qui permettront à votre organisme d'en tirer le meilleur parti possible.

Jus de poire, pêche et abricot

Ce jus est tout indiqué une heure environ avant un entraî-nement. Les fruits ont un taux glycémique faible, ce qui produit une lente libération de l'énergie dans l'orga-nisme.

1 poire non pelée, parée et hachée
1 pêche non pelée, dénoyautée et hachée
2 abricots dénoyautés et hachés
Eau filtrée ou de source, au goût (facultatif)

Passer tous les fruits à la centrifugeuse. Allonger avec un peu d'eau, au goût.
Donne environ 180 ml (^{3}/$_4$ de tasse) ; pour 1 personne.

Boisson tonique à l'orange et au brocoli

Le brocoli, l'orange et le kiwi sont d'excellentes sources de vitamine C nécessaire à la production du collagène, une protéine essentielle à la santé de la peau, des os et du cartilage. Cette boisson est aussi riche en potassium, fer et vitamine A.

1 grosse orange pelée, épépinée et hachée
125 g (1 tasse) de brocoli haché
1 kiwi pelé et haché

Passer tous les ingrédients à la centrifugeuse.
Donne environ 250 ml (1 tasse) ; pour 1 personne.

Smoothie à la banane et aux figues

Cette boisson consistante et rassasiante constitue un petit-déjeuner rapide idéal avant une course ou une séance d'entraînement matinale. La banane fournit du potas-sium utile au fonctionnement musculaire et les glucides refont le plein d'énergie. Les figues fournissent beaucoup de potassium, calcium et magnésium, tous essentiels à un bon fonctionnement des os et des muscles. Le lait et la poudre de petit-lait fournissent les protéines essentielles aux muscles. La farine de graines de lin contient des acides gras essentiels.

4 figues séchées, hachées
250 ml (1 tasse) d'eau
1 grosse banane mûre, pelée et hachée
250 ml (1 tasse) de lait
1 c. à soupe (15 ml) de poudre de graines de lin
1 c. à soupe (15 ml) de poudre de protéine de petit-lait

Mettre les figues dans une petite casserole et les couvrir d'eau. Amener à ébullition puis réduire le feu, couvrir et laisser mijoter 10 minutes environ. Dans le mixeur, mélanger les figues et leur eau de cuisson et les autres ingrédients. Réduire le tout en purée lisse et mousseuse.
Donne environ 440 ml (1 ^{3}/$_4$ tasse) ; pour 1 personne.

À gauche : Jus de poire, pêche et abricot

Jus d'orange, concombre et persil

Le concombre est très rafraîchissant pour l'organisme, de sorte qu'il s'avère utile après un événement ou un entraînement sportif. L'orange fournit de la vitamine C qui, entre autres choses, permet une meilleure assimilation du fer contenu dans le persil. Certains thérapeutes considèrent la spiruline comme un superaliment car elle est très riche en divers nutriments.

1 grosse orange pelée, épépinée et hachée
60 g (2 tasses) bien tassés de tiges et feuilles de persil
1 petit concombre haché
1/2 c. à thé (2,5 ml) de poudre de spiruline

Passer l'orange, le persil et le concombre à la centrifugeuse. Incorporer la spiruline.
Donne environ 180 ml (3/4 de tasse) ; pour 1 personne.

Jus rétablissant au cantaloup et à l'ananas

Le cantaloup et l'ananas ont une haute teneur en eau et réhydratent donc rapidement l'organisme. La vitamine C de l'ananas et de la goyave contribuent à la fabrication du collagène, une protéine essentielle à la santé des os et du cartilage. La broméline, une enzyme de l'ananas, est anti-inflammatoire et favorise la réparation des tissus endommagés lors des activités sportives.

1/4 de cantaloup pelé, épépiné et haché
1/4 d'ananas pelé, paré et haché
1 grosse goyave non pelée et coupée en quartiers

Passer tous les ingrédients à la centrifugeuse.
Donne environ 375 ml (1 1/2 tasse) ; pour 1 personne.

Panaché aux prunes et aux petits fruits

Cette boisson est rafraîchissante. Les prunes sont une bonne source de potassium qui, avec le sodium, rétablit l'équilibre des liquides et des électrolytes dans les cellules et les tissus. Elles sont aussi riches en vitamines A, C et E. Les variétés à chair rouge sont plus nutritives que celles à chair jaune. Les fraises et les mûres fournissent de la vitamine C et des bioflavonoïdes qui renforcent les veines et les artères.

125 g (1 tasse) de mûres fraîches ou décongelées
125 g (1 tasse) de fraises fraîches ou décongelées
3 grosses prunes à chair rouge, dénoyautées et hachées

Passer tous les ingrédients à la centrifugeuse.
Donne environ 250 ml (1 tasse) ; pour 1 personne.

À droite : Jus d'orange, concombre et persil

Boisson rafraîchissante à l'ananas et à la papaye

Préparez cette boisson délicieuse et partagez-la avec votre partenaire d'entraînement en rentrant du gymnase. Ce jus est très rafraîchissant et bourré d'antioxydants, de vitamines et d'enzymes. Le fenouil est un tonique de l'appareil reproductif de la femme et peut s'avérer utile aux athlètes féminines qui souffrent de problèmes menstruels.

1/2 ananas pelé, paré et haché
1/4 de papaye pelée, épépinée et hachée
1 lime pelée, épépinée et hachée
1/4 de fenouil paré et haché

Passer tous les ingrédients à la centrifugeuse.
Donne environ 560 ml (2 1/4 tasses) ; pour 2 personnes.

Smoothie à la banane, à la caroube et au beurre d'arachides

Cette boisson rassasiante contient des protéines, du calcium, du fer, du potassium et de la vitamine B12 ainsi que du phosphore qui favorise l'absorption des nutriments par l'organisme. Elle peut, après une salade légère, constituer un repas à elle seule.

250 ml (1 tasse) de lait faible en gras ou lait de soja enrichi
1 grosse banane mûre, pelée
2 c. à thé (10 ml) de poudre de caroube
1 c. à soupe (15 ml) de beurre d'arachides
2 c. à thé (10 ml) de sucre de palme

Dans le mixeur, réduire tous les ingrédients en purée lisse.
Donne environ 375 ml (1 1/2 tasse) ; pour 1 personne.

Lait frappé aux poires et aux amandes

Le sucre naturel contenu dans les poires est une excellente source d'énergie. Celles-ci fournissent aussi du potassium et des fibres. Le lait fournit du calcium tandis que les amandes contiennent les sels minéraux qui renforcent les os. L'huile de graines de lin est une bonne source d'acides gras essentiels qui contribuent au contrôle des problèmes inflammatoires. L'organisme utilise la glucosamine pour réparer le cartilage endommagé et renforcer les articulations.

150 g (5 oz) de moitiés de poires en conserve, égouttées
250 ml (1 tasse) de lait
2 c. à soupe (30 ml) d'amandes moulues
2 c. à thé (10 ml) d'huile de graines de lin, ou tel qu'il est indiqué sur l'étiquette (facultatif)
1 c. à thé (5 ml) de poudre de glucosamine, ou tel qu'il est indiqué sur l'étiquette (facultatif)

Dans le mixeur, mélanger tous les ingrédients et les réduire en purée lisse et mousseuse.
Donne environ 500 ml (2 tasses) ; pour 1-2 personnes.

À gauche : Boisson rafraîchissante à l'ananas et à la papaye

Jus de melon, raisin et litchi

Le melon et le litchi sont très rafraîchissants pour l'organisme, de sorte que cette boisson est tout indiquée après une séance d'entraînement. Parce qu'il a un taux glycémique assez élevé, le raisin redonne rapidement de l'énergie.

$^1/_2$ petit melon miel Honeydew pelé, épépiné et haché
125 g (1 tasse) de raisin
6 litchis pelés et dénoyautés

Passer tous les ingrédients à la centrifugeuse.
Donne environ 250 ml (1 tasse) ; pour 1 personne.

Jus de pamplemousse, papaye et mangue

La papaye et la mangue ont un taux glycémique élevé, de sorte que ce jus redonne rapidement de l'énergie après une séance d'entraînement.

1 pamplemousse rose pelé, épépiné et haché
$^1/_4$ de papaye pelée, épépinée et hachée
1 mangue pelée, pulpe détachée et hachée

Passer tous les ingrédients à la centrifugeuse.
Donne environ 250 ml (1 tasse) ; pour 1 personne.

Jus de carotte, orange et gingembre

Cette boisson convient parfaitement à un style de vie sain. Le ginseng donne un regain d'énergie rapide tandis que l'orange et la carotte contiennent les vitamines antioxydantes A et C. Le gingembre stimule la circulation sanguine et favorise la digestion.

1 sachet de ginseng
125 ml ($^1/_2$ tasse) d'eau bouillante
1 grosse carotte hachée
1 grosse orange pelée, épépinée et hachée
Un morceau de 12 mm ($^1/_2$ po) de gingembre frais

Mettre le sachet de ginseng dans une tasse et le couvrir d'eau bouillante. Laisser infuser 10 minutes puis jeter le sachet et réfrigérer l'infusion 20 minutes environ. Passer la carotte, l'orange et le gingembre à la centrifugeuse. Verser le jus dans l'infusion et bien mélanger le tout.
Donne environ 300 ml (1 $^1/_4$ tasse) ; pour 1 personne.

À droite : Jus de melon, raisin et litchi

Mélange aux abricots et aux noix du Brésil

Dans cette boisson, les abricots séchés fournissent beaucoup de fer ; l'orange, de la vitamine C ; et le germe de blé, de la vitamine E. Les noix du Brésil contiennent du sélénium, un sel minéral qui est antioxydant et favorise la croissance, la fertilité et le bon fonctionnement de la glande thyroïde.

45 g (¹/₄ de tasse) d'abricots séchés
250 ml (1 tasse) d'eau
Eau de source ou filtrée froide, au goût
Le jus de 2 grosses oranges
6 noix du Brésil
1 c. à soupe (15 ml) de germe de blé

Dans une petite casserole, mélanger les abricots et l'eau. Amener à ébullition, réduire le feu, couvrir et laisser mijoter 10 minutes. Laisser refroidir. Dans le mixeur, mélanger les abricots et leur eau de cuisson et tous les ingrédients sauf l'eau froide, et les réduire en purée lisse. Allonger le tout avec un peu d'eau, au goût.
Donne environ 300 ml (1 ¹/₄ tasse) ; pour 1 personne.

Lait frappé consistant à la pêche et au gingembre

Ce lait frappé peut constituer un repas après une salade ou un casse-croûte léger. La poudre de L-carnitine contribue à métaboliser les gras et à les transformer en énergie. Les pêches contiennent des antioxydants et le gingembre améliore la digestion.

2 grosses pêches pelées, dénoyautées et hachées
125 g (¹/₂ tasse) de yogourt naturel faible en gras ou yogourt de soja
250 ml (1 tasse) de lait faible en gras ou lait de soja (refroidi)
2 c. à thé (10 ml) de miel
Une pincée de gingembre moulu
1 c. à thé (5 ml) de poudre de L-carnitine, ou tel qu'il est indiqué sur l'étiquette (facultatif)

Dans le mixeur, mélanger tous les ingrédients et les réduire en purée lisse et mousseuse.
Donne environ 500 ml (2 tasses) ; pour 1-2 personnes.

Boisson revigorante à la tomate et au chou

Cette boisson aux légumes est tout indiquée après une séance d'entraînement. Le chou, le céleri et les tomates contiennent du potassium et un peu de sodium, essentiels au rééquilibrage des électrolytes dans l'organisme. Le céleri possède aussi des propriétés anti-inflammatoires très utiles dans les cas de blessure ou de malaise.

1 tomate mûre coupée en quartiers
125 g (1 ¹/₃ tasse) de chou haché
30 g (1 tasse) bien tassés de tiges et feuilles de persil
2 branches de céleri

Passer tous les ingrédients à la centrifugeuse.
Donne environ 250 ml (1 tasse) ; pour 1 personne.

À gauche : Mélange aux abricots et aux noix du Brésil

Stress et relaxation

On trouvera dans ce chapitre des recettes aux applications multiples. Certaines ont des propriétés calmantes qui réduisent l'anxiété et vous permettent ainsi de bien fonctionner tout au long d'une journée chargée ou dans une situation stressante. D'autres ont un effet sédatif qui peut vous aider à dormir si vous ne voulez pas prendre de somnifère. Certaines boissons peuvent remplacer les cocktails, mais sans alcool. Certaines se boivent chaudes, d'autres froides, mais toutes sont conçues pour vous aider à vous sentir mieux.

Le mot stress sert à décrire un état physique qui, en tant que partie de notre instinct de survie, était autrefois essentiel à l'espèce humaine. Dans les temps primitifs, une poussée d'adrénaline permettait, en cas de péril immédiat ou de catastrophe, une réaction rapide de l'organisme. L'adrénaline provoque des réactions physiques qui s'avèrent fort utiles si on est attaqué par une bête sauvage. Malheureusement pour nous, nous subissons aujourd'hui les mêmes réactions mais sans pouvoir y répondre physiquement. De pair avec d'autres facteurs tels qu'un mauvais régime alimentaire et le manque d'exercice, le stress qui nous aidait autrefois à survivre peut devenir un problème qui peut aller jusqu'à mettre notre vie en danger. Le stress peut en effet contribuer aux maladies cardiaques et aux accidents vasculaires cérébraux et affaiblir le système immunitaire en laissant l'organisme à la merci de nombreuses maladies.

Il y a plusieurs façons de faire face au stress. L'exercice physique en est une car celui-ci stimule l'utilisation de l'adrénaline. Quand on court, marche vite ou pratique un sport, il s'ensuit une réponse rapide de l'organisme qui libère des endorphines qui nous font nous sentir bien et oublier nos tracas. On peut aussi adopter une approche plus passive en apprenant une technique de relaxation comme le yoga, la méditation, la respiration ou la visualisation positive.

Une des meilleures façons de combattre le stress consiste à suivre un régime alimentaire optimal. En consommant plus de vitamines C et B et du zinc, l'organisme est capable de répondre aux exigences qu'on lui impose et le système immunitaire fonctionne mieux. Il faut manger des repas nutritifs tout en évitant les aliments gras ou difficiles à digérer. Il faut de même réduire les stimulants comme le café, les boissons gazeuses, l'alcool et la cigarette qui épuisent nos réserves de nutriments et ne font que provoquer encore plus d'anxiété. Tout en combattant son stress, il faut aussi trouver des manières de réduire celui-ci au minimum. C'est ainsi qu'il est toujours préférable de faire face aux problèmes et de résoudre les conflits à mesure qu'ils se présentent. En les remettant à plus tard, on ne fait qu'engendrer plus de stress encore.

Infusion aux baies d'églantier

Une boisson savoureuse et réchauffante, tout indiquée pour un petit jour glacial d'hiver. Cette infusion est riche en vitamine C et la cannelle stimule la circulation sanguine.

1 sachet de baies d'églantier
250 ml (1 tasse) d'eau bouillante
1 bâton de cannelle
1 lanière de zeste d'orange de 2,5 cm (1 po) de large
1 c. à thé (5 ml) de miel

Mettre le sachet dans une tasse et le couvrir d'eau bouillante. Ajouter la cannelle et le zeste d'orange et laisser infuser 5 minutes. Retirer le sachet, la cannelle et le zeste, et incorporer le miel.

Donne environ 250 ml (1 tasse) ; pour 1 personne.

Boisson rafraîchissante au melon d'eau

La recette tout indiquée pour une journée où vous avez chaud et avez de gros soucis. Tous ses ingrédients sont rafraîchissants et calmants, et réhydratent rapidement l'organisme.

300 g (2 tasses) de pulpe de melon d'eau épépinée et hachée
1 petit concombre haché
Quelques gouttes d'eau de rose (facultatif)

Passer le melon d'eau et le concombre à la centrifugeuse. Ajouter de l'eau de rose au goût et bien mélanger le tout.

Donne environ 250 ml (1 tasse) ; pour 1 personne.

Lait chaud épicé

Ce n'est pas qu'un « remède de bonne femme », le lait chaud aide vraiment à dormir. Le lait contient l'acide aminé appelé tryptophane qui, une fois rendu dans l'organisme, se transforme en sérotonine qui provoque le sommeil. La cardamome et la muscade ont le même effet sur l'organisme.

250 ml (1 tasse) de lait
Une pincée de cardamome moulue
Une pincée de muscade moulue

Verser le lait dans une petite casserole et le chauffer doucement. Verser le lait dans une tasse, ajouter les épices et bien mêler le tout.

Donne environ 250 ml (1 tasse) ; pour 1 personne.

À gauche : Infusion aux baies d'églantier

Cocktail aux pêches et aux framboises

Un cocktail sans alcool à savourer par une chaude soirée d'été.

2 pêches juteuses et mûres pelées, dénoyautées et hachées
125 g (1 tasse) de framboises fraîches ou décongelées
Eau minérale gazeuse, au goût

Dans le mixeur, réduire les pêches et les framboises en purée lisse. Passer la pulpe dans un tamis fin pour en éliminer les graines de framboise. Verser dans deux grands verres puis ajouter de l'eau minérale pour obtenir la consistance désirée. Mélanger délicatement avant de servir.

Donne environ 440 ml (1 3/4 tasse) ; pour 2 personnes.

Boisson chaude à la pomme et à la camomille

La tisane à la camomille est très relaxante et contribue à réduire l'anxiété. Les pommes et la vanille lui donnent un goût délicieux.

1 sachet de camomille
125 ml (1/2 tasse) d'eau bouillante
2 pommes non pelées, parées et hachées
1 c. à thé (5 ml) de miel
3 gouttes d'extrait de vanille

Mettre le sachet dans une tasse et verser l'eau bouillante. Laisser infuser 5 minutes puis enlever le sachet. Passer les pommes à la centrifugeuse. Incorporer le jus de pomme, le miel et la vanille dans l'infusion chaude.

Donne environ 180 ml (3/4 de tasse) ; pour 1 personne.

Boisson calmante aux fraises

La valériane est une plante sédative qui apaise le système nerveux et provoque le sommeil. La laitue possède aussi des propriétés calmantes et sédatives.

1 sachet de valériane
125 ml (1/2 tasse) d'eau bouillante
125 g (1 tasse) de fraises fraîches ou décongelées
125 g (1 1/3 de tasse) de laitue iceberg hachée

Mettre le sachet dans une tasse et verser l'eau bouillante. Laisser infuser 10 minutes puis enlever le sachet et réfrigérer le liquide 20 minutes environ. Passer les fraises et la laitue à la centrifugeuse. Incorporer le jus à la tisane et servir.

Donne environ 250 ml (1 tasse) ; pour 1 personne.

À droite : Cocktail aux pêches et aux framboises

Jus d'ananas, gingembre et citron

Cette boisson est délicieuse et très énergisante. L'ananas contient des enzymes qui stimulent la digestion et, comme le citron, contient de la vitamine C. Le gingembre stimule aussi la digestion.

$^1/_2$ ananas pelé, paré et haché
Un morceau de 12 mm ($^1/_2$ po) de gingembre frais
$^1/_2$ citron pelé et épépiné

Passer tous les ingrédients à la centrifugeuse.
Donne environ 300 ml (1 $^1/_4$ tasse) ; pour 1 personne.

Apéritif à la tomate et au basilic

Pour en obtenir le maximum de saveur et de nutriments, choisissez de belles tomates bien mûres. Parce qu'elle contient du poivre qui stimule l'appétit, cette boisson constitue un très bon apéritif. Le basilic parfume bien le tout et contribue à renforcer le système immunitaire.

8 grosses feuilles de basilic
3 tomates mûres hachées
1 petit concombre haché
Poivre noir frais moulu au goût

Passer tour à tour le basilic avec la tomate puis le concombre à la centrifugeuse. Mélanger les jus et les assaisonner de poivre avant de servir.
Donne environ 375 ml (1 $^1/_2$ tasse) ; pour 1-2 personnes.

Smoothie chaud aux abricots

Le jus nutritif et calmant tout indiqué à boire quand vous voulez reprendre votre souffle. Les abricots séchés sont riches en bêta-carotène, fer et potassium, et le lait chaud est légèrement sédatif.

60 g ($^1/_3$ de tasse) d'abricots séchés
250 ml (1 tasse) d'eau
185 ml ($^3/_4$ de tasse) de lait
Une pincée de gingembre moulu
1 c. à thé (5 ml) de miel au goût

Dans une petite casserole, mélanger les abricots et l'eau. Amener à ébullition, réduire le feu, couvrir et laisser mijoter 10 minutes. Laisser refroidir un peu. Dans une petite casserole, faire chauffer le lait jusqu'à ce qu'il forme des bulles. Dans le mixeur, mélanger les abricots et leur liquide de cuisson, le lait, le gingembre et le miel. Réduire le tout en purée lisse et boire ce jus chaud.
Donne environ 300 ml (1 $^1/_4$ tasse) ; pour 1 personne.

À gauche : Jus d'ananas, gingembre et citron

Colada des tropiques

Cette boisson aussi délicieuse que nutritive est parfaite lorsque vous ne voulez pas consommer d'alcool durant une soirée.

1 mangue pelée, pulpe détachée et hachée
1/4 d'ananas pelé, paré et haché
Glaçons
125 ml (1/2 tasse) de lait de coco

Dans la centrifugeuse, réduire la mangue et l'ananas en purée lisse. Mettre quelques glaçons dans 2 grands verres et verser le jus dessus. Ajouter le lait de coco et bien mélanger. Servir aussitôt.

Donne environ 440 ml (1 ³/₄ tasse) ; pour 2 personnes.

Jus glacé de melon et de fraises

Une boisson d'été à la fois agréable à l'oeil, très rafraîchissante et réhydratante. On attribue aux fraises des propriétés calmantes.

250 g (1 1/2 tasse) de pulpe de melon d'eau,
épépinée et hachée
1/4 de cantaloup pelé, épépiné et haché
125 g (1 tasse) de fraises fraîches ou décongelées
Glaçons

Dans le mixeur, mélanger tous les fruits et les réduire en purée lisse. Servir aussitôt sur des glaçons.

Donne environ 500 ml (2 tasses) ; pour 2 personnes.

Infusion calmante glacée à la mélisse

La mélisse apaise le système nerveux, favorise le sommeil et facilite la digestion.

1 sachet de mélisse
250 ml (1 tasse) d'eau bouillante
3-4 glaçons
Le jus de 1 grosse orange
6 feuilles de menthe fraîche, finement hachées

Mettre le sachet de mélisse dans une tasse et le couvrir d'eau bouillante. Laisser infuser 10 minutes puis retirer le sachet et réfrigérer le liquide 30 minutes. Mettre les glaçons dans un grand verrre et ajouter le jus d'orange et l'infusion froide. Ajouter la menthe hachée.

Donne environ 375 ml (1 1/2 tasse) ; pour 1 personne.

À droite : Colada des tropiques

Toniques et remèdes

Certaines des boissons proposées ici ne sont pas aussi délicieuses que les autres décrites dans le livre et c'est parce qu'elles contiennent des mélanges d'ingrédients pour traiter des problèmes de santé spécifiques. Mais, si vous cherchez à vous soulager de la diarrhée ou de crampes menstruelles, vous ne vous soucierez probablement pas trop du goût de ces boissons « médicinales ».

Il ne faut jamais oublier que la santé doit demeurer un souci constant et que, plus vous serez en forme, moins vous aurez de chances de souffrir de problèmes. Ce n'est pas en négligeant sa santé puis en cherchant une solution rapide en temps de crise qu'on obtient de bons résultats. Pour rester en santé, il faut manger raisonnablement, faire régulièrement de l'exercice, prendre le temps de relaxer et dormir suffisamment.

Les aliments, herbes et épices ont toujours contribué à soigner les maladies, tant comme préventifs que pour leurs propriétés médicinales spécifiques. On connaît depuis longtemps les vertus laxatives des pruneaux et comme le veut le dicton : « Une pomme par jour éloigne le médecin. » Il est intéressant de noter que la valeur de beaucoup de médicaments « de nos grands-mères » reposent sur des données scientifiques solides même si on s'en est servi longtemps avant de connaître leur valeur médicinale. Les canneberges en sont un bon exemple. Originaires d'Amérique du Nord, elles sont utilisées depuis des siècles en médecine populaire. On sait aujourd'hui qu'elles peuvent prévenir et soigner, entre autres choses, les infections des voies urinaires comme la cystite, même si des recherches récentes ont démontré qu'on peut aussi se servir de leurs propriétés antibactériennes dans le traitement des ulcères et des maladies des gencives.

Le gingembre est une plante utilisée depuis des siècles pour traiter les nausées. À la fois efficace et sécuritaire, celui-ci reste aujourd'hui tout indiqué, particulièrement contre les nausées matinales chez les femmes enceintes qui, à cause de leur état, ne peuvent pas prendre de médicament.

Remarquez que les boissons présentées ici peuvent être utilisées pour traiter des problèmes de santé particuliers mais ne prétendent en aucun cas remplacer les avis et traitements fournis par les professionnels de la santé.

Jus de canneberge (airelle), poire et lime
(infections des voies urinaires)

Les canneberges agissent rapidement et efficacement contre les infections des voies urinaires. Elles sont acides au goût même si les marques commerciales sont souvent riches en sucre. Pour adoucir ce jus, on ajoute une poire, et la lime y fournit la vitamine C.

125 g (1 tasse) de canneberges fraîches ou décongelées
1 poire non pelée, parée et hachée
1/2 lime pelée, épépinée et hachée

Passer tous les ingrédients à la centrifugeuse.
Donne environ 180 ml (3/4 de tasse) ; pour 1 personne.

Jus de fenouil, persil et abricot
(crampes menstruelles et ballonnements)

Le fenouil est un tonique du système reproductif de la femme et, tout comme le persil, un diurétique qui aide à combattre la rétention d'eau et ainsi réduit les ballonnements. Le persil fournit aussi du magnésium qui réduit les crampes musculaires. Les abricots fournissent du fer et l'orange aide l'organisme à assimiler le fer contenu dans le persil.

1/2 fenouil paré et haché
60 g (2 tasses) bien tassés de tiges et feuilles de persil
2 abricots frais, dénoyautés et hachés
1 orange pelée, épépinée et hachée

Passer tous les ingrédients à la centrifugeuse.
Donne environ 180 ml (3/4 de tasse) ; pour 1 personne.

Jus d'abricot et de bleuets (myrtilles)
(tonique oculaire)

Avec l'âge, la vue a tendance à se détériorer mais ce jus pourra vous aider à prévenir ou corriger le problème. Les bleuets sauvages sont riches en anthocyanidines qui aiguisent la vue. Si vous ne pouvez en trouver, utilisez des bleuets du commerce qui ont des propriétés similaires quoique moins puissantes. Les carottes et les abricots contiennent de la vitamine A qui contribue aussi à une bonne vue. Les antihistaminiques de la coriandre aident à soulager l'irritation allergique des yeux.

2 abricots dénoyautés et hachés
125 g (1 tasse) de bleuets (myrtilles) frais ou décongelés
15 g (1/2 tasse) de coriandre (feuilles et tiges)
1 carotte hachée

Passer tous les ingrédients à la centrifugeuse.
Donne environ 125 ml (1/2 tasse) ; pour 1 personne.

À gauche : Jus de canneberge (airelle), poire et lime

Casse-rhume aux kiwis
(rhume)

Tous les fruits présents dans cette boisson sont riches en vitamine C. Le gingembre et le piment de Cayenne contribuent à réchauffer l'organisme et à dégager les sinus.

2 kiwis pelés et hachés
1/4 d'ananas pelé, paré et haché
1 orange pelée, épépinée et hachée (avec la peau blanche)
Un morceau de 12 mm (1/2 po) de gingembre frais
Une pincée de piment de Cayenne

Passer les kiwis, l'ananas, l'orange et le gingembre à la centrifugeuse. Incorporer le piment de Cayenne et servir aussitôt.

Donne environ 300 ml (1 1/4 tasse) ; pour 1 personne.

Jus de céleri et de pomme
(arthrite)

Le céleri et le fenugrec ont tous deux des propriétés anti-inflammatoires tandis que les fraises contiennent une substance qui ressemble à l'aspirine et qui calme la douleur.

1 sachet de fenugrec
125 ml (1/2 tasse) d'eau bouillante
2 branches de céleri hachées
1 pomme non pelée, parée et hachée
125 g (1 tasse) de fraises fraîches ou décongelées

Mettre le sachet dans une tasse et ajouter l'eau bouillante. Laisser infuser 10 minutes puis retirer le sachet et réfrigérer l'infusion 15 minutes environ. Passer le céleri, la pomme et les fraises à la centrifugeuse. Incorporer le jus dans la tisane.

Donne environ 250 ml (1 tasse) ; pour 1 personne.

À gauche : Casse-rhume aux kiwis

Jus de pamplemousse, citron et gingembre
(stimulant de l'appétit)

Cette boisson au goût acidulé réveillera tout appétit fatigué. En effet, tout en étant riches en vitamine C et fibres solubles, le pamplemousse, le citron et le gingembre sont de puissants apéritifs.

1/2 pamplemousse rose pelé, épépiné et haché
1 petit citron pelé, épépiné et haché
Un morceau de 12 mm (1/2 po) de gingembre frais
1 pomme pelée, parée et hachée

Passer tous les ingrédients à la centrifugeuse.
Donne environ 250 ml (1 tasse); pour 1 personne.

Jus de pomme, de pruneau et d'aloès
(constipation)

Si vous souffrez de constipation, voici le jus tout indiqué pour vous. Les pruneaux sont laxatifs tandis que la pomme fournit des fibres solubles. Le jus d'aloès vera soulage les voies gastro-intestinales et est aussi légèrement laxatif. Les graines de psyllium sont riches en fibres.

60 g (1/3 de tasse) de pruneaux dénoyautés et hachés
250 ml (1 tasse) d'eau
2 pommes pelées, parées et hachées
1 c. à soupe (15 ml) de jus d'aloès vera, ou
tel qu'il est indiqué sur l'étiquette
2 c. à thé (10 ml) de graines de psyllium

Dans une petite casserole, mélanger les pruneaux et l'eau. Amener à ébullition, réduire le feu, couvrir et laisser mijoter 10 minutes. Laisser refroidir. Passer les pommes à la centrifugeuse. Dans le mixeur, mélanger le jus de pomme, les prunes et le jus d'aloès vera. Réduire en purée lisse. Incorporer le psyllium et servir aussitôt.
Donne environ 300 ml (1 1/4 tasse); pour 1 personne.

Jus cicatrisant au melon
(ulcères de bouche)

Les ulcères de bouche sont peut-être un problème mineur mais, en vous empêchant de manger ou de parler convenablement, ils peuvent vous rendre misérable. Ceux-ci peuvent être causés par divers facteurs comme les allergies, les carences alimentaires, le stress ou la simple fatigue. Dans cette boisson, l'orme rouge lénifie la bouche, les graines de tournesol fournissent du zinc et le chou a des propriétés cicatrisantes.

1/4 de melon miel Honeydew pelé, épépiné et haché
90 g (1 tasse) de chou haché
2 c. à thé (10 ml) de poudre d'orme rouge
1 c. à soupe (15 ml) de graines de tournesol moulues

Passer le melon et le chou à la centrifugeuse. Incorporer ensuite la poudre d'orme rouge et les graines de tournesol. Déguster lentement.
Donne environ 250 ml (1 tasse); pour 1 personne.

À droite: Jus de pamplemousse, citron et gingembre

Boisson tonique aux tomates
(« gueule de bois »)

Il n'y a pas vraiment de traitement contre la «gueule de bois» mais cette boisson tonique vous aidera. Les tomates, le poivron et le citron referont rapidement vos réserves de vitamine C et la levure de bière, celles des vitamines B dont votre organisme a besoin.

2 grosses tomates mûres, hachées
1 poivron rouge, épépiné et haché
1 citron pelé, épépiné et haché
1 c. à thé (5 ml) de levure de bière

Passer les tomates, le poivron et le citron à la centrifugeuse. Incorporer la levure de bière et servir aussitôt.

Donne environ 300 ml (1 1/4 tasse) ; pour 1 personne.

Jus d'ananas et de raisin
(pour perdre du poids)

Ce jus peut faire partie d'une cure d'amaigrissement car l'ananas supprime naturellement l'appétit tandis qu'en pénétrant dans l'estomac, la spiruline gagne en volume et crée un sentiment de rassasiement. Le raisin contribue à calmer les fringales en équilibrant le taux de sucre dans le sang.

1/4 d'ananas pelé, paré et haché
125 g (1 tasse) de raisin
1 c. à thé (5 ml) de poudre de spiruline

Passer l'ananas et le raisin à la centrifugeuse. Incorporer la spiruline et servir aussitôt.

Donne environ 180 ml (3/4 de tasse) ; pour 1 personne.

Boisson au fenouil et à la menthe
(flatulences)

Le fenouil, la menthe et la camomille contribuent à réduire les flatulences et les malaises provoqués par celles-ci.

1 sachet de camomille
180 ml (3/4 de tasse) d'eau bouillante
1 petit fenouil paré et haché
6 feuilles de menthe fraîche, finement hachées

Mettre le sachet dans une tasse et le couvrir d'eau bouillante. Laisser infuser 10 minutes puis retirer le sachet et réfrigérer l'infusion 20 minutes. Passer le fenouil à la centrifugeuse. Incorporer le jus de fenouil à la tisane, ajouter la menthe et bien mélanger.

Donne environ 250 ml (1 tasse) ; pour 1 personne.

À droite : Boisson tonique aux tomates

Infusion à l'orange et aux herbes
(toux)

Cette boisson est tout indiquée pour quiconque souffre d'une toux accompagnée d'une grippe. Le thym agit comme expectorant tandis que la sauge et le miel soulagent du mal de gorge. L'ail a des propriétés antivirales et antibactériennes tandis que l'orange fournit la vitamine C. L'échinacée renforce le système immunitaire.

2 gros brins de thym frais
6 feuilles de sauge fraîche, grossièrement hachées
250 ml (1 tasse) d'eau bouillante
1 c. à thé (5 ml) de miel
1 petite gousse d'ail finement hachée
Le jus d'1 grosse orange
Échinacée liquide, tel qu'il est indiqué sur l'étiquette
(facultatif)

Dans une tasse, mélanger le thym et la sauge, et les couvrir d'eau bouillante. Laisser infuser 5 minutes. Incorporer le miel et l'ail, et laisser reposer 5 minutes de plus. Passer le liquide puis y incorporer le jus d'orange et l'échinacée.

Donne environ 250 ml (1 tasse) ; pour 1 personne.

Infusion au gingembre et à la coriandre
(nausées matinales)

Le gingembre est très lénifiant pour l'estomac et c'est un remède bien connu contre les nausées. Les graines de coriandre facilitent la digestion et contribuent à « replacer » l'estomac après un repas.

Un morceau de 12 mm ($1/2$ po) de gingembre frais,
finement tranché
1 c. à thé (5 ml) de graines de coriandre
250 ml (1 tasse) d'eau bouillante

Dans une petite théière, mélanger le gingembre et les graines de coriandre. Ajouter l'eau bouillante et laisser infuser 5 minutes. Passer le tout dans un petit tamis. Boire lentement.

Donne environ 250 ml (1 tasse) ; pour 1 personne.

À gauche : Infusion à l'orange et aux herbes

Mélange régulateur à la goyave et au lait de riz
(diarrhée)

La muscade et la goyave ont toutes deux des propriétés antidiarrhéiques tandis que le lait de riz est nutritif et lénifiant. Le yogourt aide à rétablir la flore bactérienne de l'intestin.

1 grosse goyave non pelée, hachée
125 ml (¹/₂ tasse) de lait de riz
125 g (¹/₂ tasse) de yogourt
Une pincée de muscade

Passer la goyave à la centrifugeuse. Dans le mixeur, mélanger le jus de goyave et les autres ingrédients et réduire le tout en purée lisse.

Donne environ 300 ml (1 ¹/₄ tasse) ; pour 1 personne.

Tonique aux fraises et aux baies d'églantier
(teint)

Il y a sur le marché des millions de produits dont on prétend qu'ils peuvent embellir votre peau par l'extérieur. C'est oublier que c'est ce que nous consommons qui compte avant tout. Les fraises et les baies d'églantier sont des sources de vitamine C nécessaire à la production par l'organisme du collagène, la protéine qui donne une peau saine. La pomme est riche en fibres solubles et, tout en nettoyant l'organisme, la chlorophylle lui apporte une dose concentrée de nutriments.

1 sachet de baies d'églantier
185 ml (³/₄ de tasse) d'eau bouillante
125 g (1 tasse) de fraises fraîches ou décongelées
1 pomme non pelée, parée et hachée
1 c. à thé (5 ml) de chlorophylle liquide, ou
tel qu'il est indiqué sur l'étiquette (facultatif)

Mettre le sachet dans une tasse et ajouter l'eau bouillante. Laisser infuser 10 minutes puis retirer le sachet et réfrigérer l'infusion 15 minutes environ. Passer les fraises et la pomme à la centrifugeuse. Incorporer le jus dans la tisane, ajouter la chlorophylle et brasser.

Donne environ 375 ml (1 ¹/₂ tasse) ; pour 1 personne.

À droite : Mélange régulateur à la goyave et au lait de riz

Immunité et prévention

Nous sommes, dans notre vie de tous les jours, exposés à toutes sortes de bactéries, virus et germes qui peuvent, ou non, nous rendre malades. Un système immunitaire fort reste la meilleure défense que nous possédions contre la maladie. Et comme vous le dira quiconque a déjà souffert d'une maladie grave, la prévention est toujours préférable à la guérison.

La nutrition joue un rôle capital dans le bon fonctionnement du système immunitaire. Une diète équilibrée de fruits, légumes, grains entiers, légumineuses, noix, graines, produits laitiers et viande (à moins d'être végétarien) devrait satisfaire à tous vos besoins nutritionnels. Il faut éviter les aliments et boissons pauvres en nutriments tels que les aliments de restauration rapide, les croustilles, les bonbons et les boissons gazeuses. Ces soi-disant aliments nous gavent mais sans nous fournir les vitamines et sels minéraux essentiels à une bonne nutrition. De plus, comme ils sont riches en gras, ils peuvent contribuer à l'obésité et aux problèmes qui en découlent comme le diabète et les maladies cardiaques.

Vous avez peut-être entendu dire qu'une consommation modérée d'alcool peut jouer un rôle dans la prévention des maladies cardiaques et qu'en buvant un ou deux petits verres de vin rouge chaque jour, on fournit à l'organisme les antioxydants dont il a besoin. Il existe plusieurs autres sources d'antioxydants. L'alcool est riche en calories mais ne fournit aucun nutriment et, en fait, épuise les réserves de nutriments de l'organisme. Même si vous buvez peu, essayez de passer au moins deux jours par semaine sans alcool. Évitez aussi de fumer et d'inhaler la fumée secondaire.

Bien sûr, l'exercice physique va de pair avec une saine alimentation. Celui-là fait beaucoup plus que garder vos muscles souples, il abaisse le taux de cholestérol de l'organisme, empêche l'obésité, prémunit contre le diabète, améliore la circulation sanguine, vous remet de bonne humeur en accroissant votre force et votre forme physique. Une recherche récente a démontré qu'en faisant de l'exercice avec des poids on peut, en accroissant sa densité osseuse, prévenir l'ostéoporose. Ce type d'exercice peut être pratiqué à n'importe quel âge sans avis professionnel.

Les émotions ont aussi un impact sur le système immunitaire. La dépression, le stress, l'anxiété, la tristesse peuvent tous provoquer un affaiblissement de ce dernier. Faites ce qu'il faut pour éliminer les problèmes qui provoquent les sentiments négatifs ou essayez des techniques de relaxation comme le massage, la méditation ou le yoga pour vous aider à les surmonter.

Panaché à la mangue

Ce jus déborde de bêta-carotène et de vitamine C, deux antioxydants puissants qui aident à prévenir le cancer et le vieillissement prématuré, et renforcent le système immunitaire.

1 mangue pelée, pulpe détachée et hachée
¼ d'ananas pelé, paré et haché
¼ de papaye pelée, épépinée et hachée
½ lime pelée, épépinée et hachée

Passer tous les ingrédients à la centrifugeuse.
Donne environ 500 ml (2 tasses) ; pour 2 personnes.

Jus d'orange et de gingembre

Dans ce jus, le gingembre contribue à stimuler une circulation sanguine déficiente tandis que l'orange et le cantaloup contiennent beaucoup de vitamines A et C qui renforcent le système immunitaire. Les bioflavonoïdes de la peau blanche de l'orange protègent des virus et des bactéries de sorte qu'il faut en laisser le plus possible sur le fruit en le pelant.

2 oranges pelées, épépinées et hachées
¼ de cantaloup pelé, épépiné et haché
Un morceau de 12 mm (½ po) de gingembre frais

Passer tous les ingrédients à la centrifugeuse.
Donne environ 440 ml (1 ¾ tasse) ; pour 1-2 personnes.

Jus de tomate et de cresson d'eau

Les tomates sont riches en lycopène, un caroténoïde qui aide à prévenir le cancer de la prostate. Utilisez des tomates rouges bien mûres qui sont meilleures au goût et sont plus riches en lycopène. Le cresson d'eau fait partie de la famille des crucifères (comprenant le brocoli et le chou) et possède des propriétés anti-cancéreuses (contre les cancers du côlon et de la vessie surtout). Il est riche en vitamine C et bêta-carotène et contient de la vitamine E.

2 grosses tomates mûres hachées
1 botte de cresson d'eau (avec les tiges)
½ citron pelé, épépiné et haché

Passer tous les ingrédients à la centrifugeuse.
Donne environ 180 ml (¾ de tasse) ; pour 1 personne.

À gauche : Panaché à la mangue

Jus de carotte et d'orange

Le jus tout indiqué à prendre à l'approche d'un rhume ou d'une grippe. Comme la membrane de l'orange contient des bioflavonoïdes qui contribuent à la protection contre les bactéries et les virus, il faut en laisser le plus possible sur le fruit en le pelant. Le gingembre contribue à la protection contre les infections respiratoires tandis que la sauge est antiseptique et est traditionnellement utilisée pour traiter les maux de gorge.

1 carotte hachée
1 orange pelée, épépinée et hachée
Un morceau de 12 mm (^{1}/$_2$ po) de gingembre frais
10 feuilles de sauge fraîche, finement hachées

Passer la carotte, l'orange et le gingembre à la centrifugeuse. Incorporer la sauge.
Donne environ 180 ml (^{3}/$_4$ de tasse) ; pour 1 personne.

Boisson tonique au blé vert

Le jus de blé vert est très riche en divers nutriments. Il contribue à désintoxiquer et régénérer le foie et le sang, et fournit à l'organisme un grand nombre de vitamines, sels minéraux, enzymes et acides aminés. Malheureusement, les centrifugeuses à usage domestique ne sont pas assez puissantes pour en faire et il faut en acheter en bouteille au rayon des produits réfrigérés des magasins d'aliments naturels. Vérifiez toujours la date de péremption du produit car celui-ci doit être consommé dans les 36 heures suivant sa fabrication.

2 pommes pelées, parées et hachées
2 c. à soupe (30 ml) de jus de blé vert

Passer les pommes à la centrifugeuse. Incorporer le jus de blé vert et servir aussitôt.
Donne environ 250 ml (1 tasse) ; pour 1 personne.

Boisson recalcifiante à la banane

Pour prévenir l'ostéoporose, il faut, dès son jeune âge, consommer la quantité de calcium requise par l'organisme chaque jour. Le lait, le tahini, la poudre de caroube et les amandes sont tous riches en calcium. Cette boisson contient aussi du magnésium et du phosphore, deux sels minéraux qui, de pair avec le calcium, aident à empêcher la détérioration des os.

1 grosse banane mûre pelée
1 c. à soupe (15 ml) d'amandes moulues
1 c. à soupe (15 ml) de tahini
250 ml (1 tasse) de lait faible en gras
^{1}/$_2$ c. à soupe (7,5 ml) de poudre de caroube
1 c. à thé (5 ml) de miel (facultatif)

Dans le mixeur, mélanger tous les ingrédients et les réduire en purée lisse et mousseuse.
Donne environ 375 ml (1 ^{1}/$_2$ tasse) ; pour 1 personne.

À droite : Jus de carotte et d'orange

Jus d'épinard et d'orange

L'épinard est riche en antioxydants qui ralentissent la dégénérescence des tissus. Il est aussi très riche en calcium, acide folique et vitamine A. La pectine de l'orange contribue à abaisser le taux de cholestérol du sang tandis que la vitamine C aide à combattre les infections bactériennes. La spiruline est très riche en sels minéraux et vitamines, y compris la vitamine B12 qui fait souvent défaut dans un régime végétarien.

60 g (2 tasses) de feuilles d'épinard frais
1 grosse orange pelée, épépinée et hachée
1/2 c. à thé (2,5 ml) de poudre de spiruline

Passer l'épinard et l'orange à la centrifugeuse. Incorporer la spiruline et servir aussitôt.
Donne environ 300 ml (1 1/4 tasse) ; pour 1 personne.

Jus de poivron rouge, carotte et céleri

La vieille légende selon laquelle les carottes sont bonnes pour les yeux est vraie. Le bêta-carotène de la carotte se transforme en vitamine A dans l'organisme et contribue ainsi à maintenir une bonne vue. Le poivron rouge est aussi riche en bêta-carotène et en vitamine C. Le céleri est légèrement diurétique et contient huit composés anticancéreux connus.

1 gros poivron rouge épépiné et haché
1 grosse carotte hachée
2 branches de céleri hachées

Passer tous les ingrédients à la centrifugeuse.
Donne environ 250 ml (1 tasse) ; pour 1 personne.

Jus de pomme et de luzerne

Un jus tout indiqué pour quiconque s'inquiète de son taux de cholestérol. La pomme fournit de la pectine, une fibre soluble qui réduit le niveau du cholestérol dans le sang. La lécithine joue un rôle important dans la réduction et l'élimination du cholestérol de l'organisme et contribue à prévenir les calculs biliaires. La luzerne abaisse aussi le taux de cholestérol et fournit plusieurs autres nutriments.

60 g (2 oz) de germes de luzerne
1 pomme non pelée, parée et hachée
1 poire non pelée, parée et hachée
1 c. à thé (5 ml) de lécithine

Passer d'abord la luzerne puis la pomme et la poire à la centrifugeuse. Incorporer la lécithine (celle-ci ne se dissoudra pas complètement).
Donne environ 250 ml (1 tasse) ; pour 1 personne.

À gauche : Jus d'épinard et d'orange

Jus de betterave et de brocoli

Cette boisson au goût champêtre est très énergisante et riche en nombreux nutriments, et elle possède des propriétés anticancéreuses.

1 betterave parée (mais non pelée) et hachée
125 g (1 tasse) de brocoli haché
1 grosse tomate hachée

Passer tous les ingrédients à la centrifugeuse.
Donne environ 250 ml (1 tasse) ; pour 1 personne.

Jus supervitamine C

Les fruits présents dans cette recette sont tous riches en vitamine C qui prévient le rhume et la grippe. Comme la membrane des agrumes contient des bioflavonoïdes antiviraux et antibactériens, conservez-en le plus possible en les pelant.

1 pamplemousse pelé, épépiné et haché
1 grosse orange pelée, épépinée et hachée
1 kiwi pelé et haché

Passer tous les ingrédients à la centrifugeuse.
Donne environ 250 ml (1 tasse) ; pour 1 personne.

Lait frappé aux fraises

La boisson tout indiquée pour quiconque vient de cesser de fumer. Le lait d'avoine a des propriétés qui ont une action directe sur les récepteurs de nicotine des poumons et réduit ainsi les symptômes du sevrage. Les fraises remplacent la vitamine C détruite par la fumée et qui, de pair avec les vitamines contenues dans le germe de blé, contribue à l'élimination des radicaux libres causés par la fumée de cigarette. La cannelle stimule la circulation sanguine affaiblie par le tabagisme.

250 ml (1 tasse) de lait d'avoine
125 g (1 tasse) de fraises fraîches ou décongelées
1 c. à soupe (15 ml) de germe de blé
Une pincée de cannelle
1 c. à thé (5 ml) de miel

Dans le mixeur, mélanger tous les ingrédients et les réduire en purée lisse et mousseuse. Servir aussitôt.
Donne environ 375 ml (1 1/2 tasse) ; pour 1 personne.

À droite : Jus de betterave et de brocoli

Jus de melon et de menthe

Cette boisson vous soulagera si vous souffrez de chaleurs ou d'agitation. Le melon et le concombre ont tous deux une haute teneur en eau et sont donc rafraîchissants et réhydratants. La menthe rafraîchit et stimule la clarté d'esprit.

15 feuilles de menthe fraîche
1/2 melon miel Honeydew pelé, épépiné et haché
1 petit concombre haché

Passer tour à tour les feuilles de menthe avec le melon puis le concombre à la centrifugeuse.

Donne environ 500 ml (2 tasses); pour 2 personnes.

Jus de papaye et d'ananas

Voici une excellente boisson pour quiconque souffre de problèmes digestifs. L'ananas contient de la broméline, et la papaye, de la papaïne, deux produits qui stimulent le système digestif. La pomme fournit de la pectine riche en fibres et l'astringence du citron stimule le foie.

1/2 petite papaye pelée, épépinée et hachée
1/2 petit ananas pelé, paré et haché
1 grosse pomme non pelée, parée et hachée
1/2 citron pelé, épépiné et haché

Passer tous les ingrédients à la centrifugeuse.

Donne environ 500 ml (2 tasses); pour 2 personnes.

Mélange au tahini et au bok choy

Cette boisson fournit beaucoup de calcium et peut donc avantageusement remplacer les produits laitiers. Le bok choy et le brocoli sont deux légumes riches en calcium et dotés de propriétés anticancéreuses. La vitamine C contenue dans le jus de citron aide l'organisme à assimiler le fer des légumes verts.

125 g (1 tasse) de brocoli haché
1 botte de bok choy miniature
1 carotte hachée
1/2 citron pelé, épépiné et haché
1 c. à soupe (15 ml) de tahini

Passer le brocoli, le bok choy, la carotte et le citron à la centrifugeuse. Verser le jus dans le mixeur et ajouter le tahini. Mélanger brièvement le tout et servir aussitôt.

Donne environ 250 ml (1 tasse); pour 1 personne.

À gauche: Jus de melon et de menthe

Jus de petits fruits et d'orange

Les petits fruits utilisés dans ce jus renforcent les artères, les veines et les capillaires, et le gingembre favorise la circulation sanguine. Les bleuets (myrtilles) et les canneberges (airelles) sont aussi très utiles contre les problèmes de vessie. Le zeste d'orange est riche en bioflavonoïdes.

125 g (1 tasse) de bleuets (myrtilles) frais ou décongelés
125 g (1 tasse) de canneberges fraîches ou décongelées
125 g (1 tasse) de fraises fraîches ou décongelées
Un morceau de 12 mm ($^1/_2$ po) de gingembre frais
2 c. à thé (10 ml) de zeste d'orange finement râpé

Passer les petits fruits et le gingembre à la centrifugeuse. Incorporer le zeste d'orange.

Donne environ 180 ml ($^3/_4$ de tasse) ; pour 1 personne.

Boisson tonique aux agrumes et à l'échinacée

L'échinacée contribue à renforcer le système immunitaire et s'avère particulièrement utile aux premiers symptômes d'un rhume. L'orange et la lime sont riches en vitamine C et l'ail a des propriétés antibiotiques puissantes.

1 grosse orange pelée, épépinée et hachée
1 gousse d'ail
1 lime pelée, épépinée et hachée
Échinacée liquide (suivre les indications de l'étiquette)

Passer l'orange, puis l'ail et la lime à la centrifugeuse. Incorporer l'échinacée et servir aussitôt.

Donne environ 180 ml ($^3/_4$ de tasse) ; pour 1 personne.

Lait frappé consistant au tofu

Le lait de soja et les autres produits du soja comme le tofu sont fortement recommandés aux femmes ménopausées ou qui sont à la veille de l'être car ils contiennent des phytœstrogènes qui contribuent à équilibrer les œstrogènes (hormones) dans l'organisme. Enrichis de calcium, ces produits préviennent aussi l'ostéoporose et peuvent même abaisser le taux de cholestérol du sang.

250 ml (1 tasse) de lait de soja faible en gras et enrichi de calcium
75 g ($^1/_4$ de tasse) de tofu velouté
1 c. à soupe (15 ml) de poudre de cacao non sucré
2 c. à thé (10 ml) de miel
Une pincée de cannelle

Dans le mixeur, mélanger tous les ingrédients et les réduire en purée lisse et mousseuse. Servir aussitôt.

Donne environ 375 ml (1 $^1/_2$ tasse) ; pour 1 personne.

À droite : Jus de petits fruits et d'orange

Cures de jus

Cure de jus de 3 jours

Tôt ou tard dans la vie, il vient un jour où chacun de nous éprouve le besoin de faire un grand ménage intérieur ou même de changer de vie et d'adopter un régime alimentaire plus sain. Un programme de dépuration constitue une bonne façon de commencer cette nouvelle vie. Non seulement celui-ci nous aide-t-il physiquement mais nous permet une transition psychologique entre notre ancienne vie et la nouvelle.

Les buts poursuivis lors d'un programme de dépuration sont de réduire la surcharge de travail imposée au système digestif pour lui permettre d'être plus performant et de stimuler les organes du corps responsables de la dépuration et de l'élimination. L'organe le plus important est sans contredit le foie qui est responsable de nombreuses fonctions vitales comprenant le nettoyage et l'élimination des déchets et toxines du corps. Les reins jouent aussi un grand rôle dans ce travail en filtrant le sang puis en éliminant ces déchets par les urines.

Certains programmes de dépuration suppriment tous les aliments solides et consistent donc en un jeûne complet où seule l'eau et parfois des jus dilués sont permis. Il s'agit d'une approche draconienne qui ne devrait être prise que sous surveillance médicale. Le programme proposé ici n'est pas un jeûne mais plutôt une diète qui comprend des aliments légers et des boissons destinées à nettoyer les organes tout en permettant au système digestif de se reposer.

Tout en consommant les boissons et aliments suggérés ici, il faut éliminer certaines choses de son alimentation. Il faut donc éviter le café, l'alcool, la cigarette et autres. Il faut boire beaucoup d'eau de source ou d'eau filtrée de même que les jus suggérés. Il faut éviter le sel et l'huile et se servir de jus de citron et d'herbes fraîches comme le basilic, le persil, la ciboulette, la coriandre pour garnir et assaisonner ses aliments.

Avant de commencer une cure de dépuration, il faut prendre en considération les points suivants :

- Si vous souffrez d'un problème de santé ou êtes dans le doute, dites à votre médecin que vous avez l'intention de suivre un tel régime pour vous assurer que celui-ci convient à vos besoins particuliers.
- Planifiez de réaliser ce programme durant une longue fin de semaine ou vos vacances, en essayant de vous libérer de toute responsabilité pendant cette période. Réservez ce temps juste pour vous.
- Peut-être souffrirez-vous d'indisposition au début. En éliminant le café et le thé de votre alimentation, vous éprouverez des symptômes de sevrage comme des maux de tête et vous vous sentirez léthargique tout en ayant faim. Persévérez, le jeu en vaut la chandelle.

- N'entreprenez rien qui demande une grosse dépense d'énergie les premiers jours. Faites des promenades en plein air, lisez un roman captivant ou faites-vous masser. Évitez tout produit cosmétique sauf une huile à massage légère.

Jour 1

Au lever
2 c. à soupe de jus de citron frais, dilué dans un verre d'eau filtrée ou d'eau de source.

Petit-déjeuner
Boisson aux prunes et aux pommes (page 26).
Un choix de fruits frais.

Matinée
Jus de raisin et de pissenlit (page 26).

Midi
Une salade de légumes crus contenant du poivron rouge, du céleri, des germes de soja (ou autres), de la tomate, des fines herbes fraîches, le tout arrosé de jus de lime ou de citron.

Milieu d'après-midi
Jus de carotte, pomme et concombre (page 32).

Soir
Légumes légèrement cuits à la vapeur comme du chou-fleur, des carottes, de l'oignon et beaucoup de légumes verts comme le brocoli, l'épinard, le bok choy et le chou. Servir les légumes avec du riz brun et assaisonner le tout avec des fines herbes, du jus de citron frais et de l'ail (au goût).

Jour 2

Répétez le programme du Jour Un en changeant les légumes et les fruits, au goût.

Petit-déjeuner
Jus de pêche, prune et framboises (page 35).

Matinée
Jus de betterave, épinard et poire (page 35).

Milieu d'après-midi
Boisson tonique au blé vert (page 90) ou Jus de cresson d'eau et d'orange (page 32).

Jour 3

Répétez le programme du Jour 1, en changeant les jus :

Petit-déjeuner
Jus supervitamine C (page 94).

Matinée
Banane et mangue frappées (page 39).

Milieu d'après-midi
Jus de fenouil, poire et menthe (page 30).

Dans les repas suggérés ici, les quantités ne sont pas indiquées. Servez-vous de votre bon sens et même si vous avez très faim, évitez de vous gaver à l'heure des repas. Votre système digestif a besoin de repos. Si vous éprouvez une petite fringale entre les repas, mangez un fruit frais.

Recommencez à manger normalement le jour suivant votre cure. Peut-être voudrez-vous prendre comme petit-déjeuner le Petit-déjeuner à boire (page 40) (préférablement préparé avec un lait non laitier) ou un fruit frais et du yogourt.

Consommez des protéines sous forme de poulet ou de poisson pochés servis avec des pommes de terre vapeur ou en robe des champs. Toutefois, les fruits et les légumes frais devraient constituer la plus grande partie de votre régime.

Essayez de ne pas retomber dans vos vieilles habitudes mais ne restreignez pas votre régime de manière à éprouver de la frustration ou de la colère. Si, à l'occasion d'un événement mondain, vous subissez une petite rechute, remettez-vous rapidement à votre nouveau régime de vie.

Cure de jus pour les étudiants

Les boissons suggérées ici contiennent des ingrédients dont les propriétés peuvent être utiles à quiconque étudie et doit bientôt passer un examen. Cette cure peut être suivie durant plusieurs jours ou la veille d'un examen important seulement.

Matinée

Jus de betterave et de carotte au romarin (page 47). Pour vous préparer à étudier efficacement, prenez ce jus tôt le matin. Le romarin et le ginkgo sont tous deux réputés pour stimuler la mémoire, et la carotte et la betterave sont riches en nutriments.

Milieu d'après-midi

Boisson à la nectarine, à l'ananas et au ginseng (page 43). Le jus à prendre quand votre énergie commence à flancher. Le ginseng accroît la vitalité, aide à combattre les effets du stress et stimule le corps et l'esprit fatigués.

Avant le coucher

Boisson chaude à la pomme et à la camomille (page 66). La camomille aide à réduire l'anxiété, favorise la digestion et, comme elle est légèrement sédative, permet une bonne nuit de sommeil.

Extra

Jus d'abricot et de bleuets (myrtilles) (page 75). Ce jus peut vous aider si vos yeux sont épuisés par la lecture ou si vous avez trop longtemps travaillé devant un écran d'ordinateur.

Petits conseils pratiques aux étudiants

- Comme lorsqu'on fait de l'exercice physique ou on pratique un sport, il est essentiel, pour avoir une mémoire performante, une bonne concentration et le meilleur rendement intellectuel, de bien se nourrir. C'est pourquoi il faut, surtout dans une période potentiellement stressante comme celle des examens, manger une grande variété d'aliments sains.
- Évitez le plus possible les stimulants comme le café ou les boissons gazeuses qui contiennent de la caféine, car si cette dernière peut vous aider à tenir le coup, elle peut aussi compromettre votre sommeil, provoquer le surmenage et vous rendre incapable de vous détendre.
- Essayez de vous organiser de manière à ne pas avoir à commencer à étudier seulement le jour, ou pire encore, la nuit précédant un examen. Des recherches ont démontré que les sessions d'étude intensives peuvent être contre-productives. Il est toujours préférable d'étudier sur de courtes mais régulières périodes de temps plutôt que de le faire toute la nuit la veille d'un examen.
- Faites de courtes pauses pendant que vous étudiez. Marchez, étirez-vous et respirez à fond.
- Réduisez les distractions environnantes au minimum. Pour étudier, trouvez un endroit où il n'y a ni télévision allumée, ni musique, ni bruits de conversation.

Le soir précédant l'examen, prenez un repas léger (un morceau de poisson et une salade, par exemple). Louez un film, lisez un roman captivant, enfin faites quelque chose qui vous fasse oublier que vous devez passer un examen le lendemain. Couchez-vous tôt et levez-vous à temps pour ne pas avoir à vous presser.

Cure de jus pour sportifs

Pour vous énergiser et performer au maximum, les boissons suggérées ici doivent être consommées la veille d'un événement sportif d'importance. Cette cure n'est pas conçue pour les athlètes professionnels qui doivent suivre des procédures diététiques spécifiques établies en fonction de leur discipline et de leur programme d'entraînement. Cette cure est plutôt conçue pour un joueur de basketball amateur qui doit jouer un match important ou pour quelqu'un qui doit participer à un rallye, une course ou une épreuve de natation. Ces boissons devraient faire partie d'une diète variée et nutritive.

Si vous songez à vous consacrer davantage à votre sport, communiquez avec un nutritionniste sportif pour obtenir des conseils et des stratégies qui vous aideront à accroître vos performances.

LE JOUR PRÉCÉDENT :

Petit-déjeuner

Lait frappé aux figues, prunes et soja (page 40). Cette boisson est épaisse et rassasiante de sorte qu'elle peut constituer un petit-déjeuner complet ou être accompagnée d'une céréale complète et de fruits frais. Elle fournit une énergie concentrée aussi bien que des vitamines et sels minéraux propres à nourrir adéquatement l'organisme.

Fin de matinée

Jus de poire, pêche et abricot (page 53). Ce jus provient de fruits à taux glycémique faible. Consommé le midi, il vous donnera une énergie soutenue tout l'après-midi durant un entraînement.

Fin d'après-midi

Jus rétablissant au cantaloup et à l'ananas (page 54). Prenez ce jus une fois terminée votre séance d'entraînement. Il réhydratera votre organisme tout en adoucissant les froissements musculaires ayant pu se produire durant celle-ci.

Le jour précédant l'événement, mangez des repas riches en glucides. Au petit-déjeuner, prenez des rôties de pain complet et des fruits frais. L'heure de votre repas du midi dépendra de votre horaire d'entraînement mais essayez tout de même de manger un sandwich rassasiant ou un bol de soupe accompagné de pain ou même un plat de pâtes faibles en gras.

Le soir, mangez du riz, des pâtes ou des pommes de terre en robe des champs avec un peu de poulet ou de poisson (pour les protéines) et beaucoup de légumes légèrement cuits ou une salade. Si le coeur vous en dit, prenez un repas consistant surtout si vous venez de vous entraîner, mais plus léger si vous devez aller vous coucher après avoir mangé.

Cure de jus pour un grand événement

Ce grand événement peut être un mariage, une prestation publique ou vos débuts dans un nouvel emploi, toutes choses qui peuvent être très stressantes. Tout en prenant les boissons suggérées ici, servez-vous des stratégies suivantes :

- Si vous le pouvez, confiez vos responsabilités et tâches quotidiennes à quelqu'un d'autre. Donnez-vous toute liberté pour vous concentrer sur l'événement à venir et la préparation qu'il exige de vous.
- Réduisez les stimulants comme le café, les boissons gazeuses et la cigarette de même que l'alcool car si ces produits peuvent vous donner un petit regain d'énergie et semblent vous soutenir dans les temps difficiles, au bout du compte, ils ne font que provoquer agitation et faiblesse en épuisant les nutriments vitaux de votre organisme.
- Mangez. Quand nous sommes nerveux ou agités, nous avons tendance à ne plus avoir faim. Peut-être sentirez-vous que vous n'avez pas le temps de préparer des repas et de les manger. Durant une période de stress ou d'anxiété, il est très important de bien nourrir votre organisme car il vous faut, maintenant plus que jamais, fonctionner et performer de manière à faire la preuve de vos capacités aux yeux de tous.
- En planifiant un événement aussi important que, disons, un mariage, établissez l'horaire des choses que vous avez à faire de manière à demeurer libre le jour précédant l'événement pour relaxer même s'il survient toujours des imprévus à la dernière minute. Ainsi, vous aurez tout le temps nécessaire pour vous occuper d'éventuels imprévus et, idéalement, de vous détendre et de relaxer.

Le jour précédant l'événement

Matin

Jus d'ananas, gingembre et citron (page 69). Ce jus piquant constitue un bon départ pour la journée et, si vous êtes en proie à une grande nervosité, les propriétés digestives de l'ananas et du gingembre vous aideront à mieux vous alimenter. Le gingembre règle aussi le problème des nausées, un des effets secondaires fréquents d'une grande anxiété.

Après-midi

Boisson rafraîchissante au melon d'eau (page 65). Si votre corps et votre esprit sont à bout, cette boisson vous rafraîchira, vous calmera et, si vous avez négligé de boire beaucoup d'eau, vous réhydratera.

Au coucher

Lait chaud épicé (page 65). Cette boisson est très nutritive et provoque rapidement la somnolence. Durant la soirée précédant le grand événement, évitez tout stimulant et essayez de suivre une technique de relaxation même si celle-ci ne consiste qu'à vous dire qu'il est temps de tout laisser aller. Prenez un repas léger puis un bon bain, buvez votre lait chaud et couchez-vous tôt.

Glossaire

Anthocyanidine : Le flavonoïde qui constitue les pigments bleus (ou bleu-rouge) de certains petits fruits comme le bleuet (myrtille).

Antihistaminique : Toute substance qui soulage des réactions allergiques (rougeurs, démangeaisons, enflures).

Anti-inflammatoire : Toute substance qui calme les tissus ou les jointures enflammés.

Antioxydant : Toute substance qui élimine de l'organisme les radicaux libres qu'on croit responsables du cancer. Certaines vitamines (A, C et E surtout) ont des propriétés antioxydantes tout comme certains sels minéraux, flavonoïdes et enzymes.

Ayurvédique (médecine) : Système holistique traditionnel indien.

Bêta-carotène : Le plus connu de tous les caroténoïdes qui se transforme en vitamine A dans l'organisme. La carotte en est très riche.

Bioflavonoïdes (ou flavonoïdes) : Les pigments colorés de certains fruits et légumes qui sont aussi présents dans la peau blanche des agrumes. On s'en sert surtout comme antioxydants.

Caroténoïdes : Les pigments végétaux qui donnent leur couleur rouge, orange ou jaune à certains fruits et légumes.

Diurétique : Toute substance qui accroît l'élimination de l'urine.

Enzymes : Protéines qui agissent comme catalyseurs dans les fonctions métaboliques du corps comme par exemple la réduction des aliments et l'assimilation de leurs nutriments par l'organisme.

Expectorant : Toute substance qui provoque la dissolution et l'expulsion du mucus du système respiratoire.

Fructose : Le sucre naturel contenu dans les fruits.

Laxatif : Toute substance qui stimule le nettoyage de l'intestin.

Ostéoporose : Problème de santé où les os se fragilisent et deviennent facilement sujets aux cassures et aux fractures. L'ostéoporose s'attaque surtout aux femmes d'âge mûr ou avancé.

Phytœstrogènes : Œstrogènes (hormones) végétales qui s'apparentent à celles présentes chez la femme.

Radicaux libres : Molécules d'oxygène incomplètes qui attaquent et oxydent les autres molécules. Les antioxydants contribuent à atténuer cette réaction chimique. L'organisme peut tolérer une certaine activité des radicaux libres mais si celle-ci n'est pas contrebalancée par les antioxydants, les cellules peuvent être endommagées.

Taux glycémique : Une manière de mesurer (sur une échelle de 1 à 8) la vitesse à laquelle les glucides provoquent l'élévation du taux de sucre dans le sang.

Index

Catalogage avant publication de la Bibliothèque nationale du Canada

Rutherford, Tracy
Boissons énergisantes et toniques
Traduction de : Power drinks & energy tonics.
Comprend un index.
1. Boissons aux fruits. 2. Jus de fruits. 3. Jus de légumes. 4. Tisanes.
I. Titre.
TX815.R8714 2004   641.8'75   C2003-941908-8

Nous reconnaissons l'aide financière du gouvernement du Canada par
l'entremise du Programme d'Aide au Développement de l'Industrie de
l'Édition (PADIÉ) ainsi que celle de la SODEC pour nos activités d'édition.

 Patrimoine Canadian   SODEC Québec
canadien Heritage

Gouvernement du Québec — Programme de crédit d'impôt pour l'édition
de livres — Gestion SODEC

© Copyright 2002 Lansdowne Publishing Pty Ltd
Directeur de projet : Deborah Nixon
Textes : Tracy Rutherford
Photographie : Scott Hawkins
Styliste : Suzie Smith
Conception graphique : Robyn Latimer
Réviseur : Carolyn Miller
Direction de projet : Sally Stokes
Coordonnateur de projet : Alexandra Nahlous

© Pour l'édition en langue française Guy Saint-Jean Éditeur inc. 2003
Traduction : La Mère Michel
Révision française : Jeanne Lacroix
Infographie : Christiane Séguin
Dépôt légal 1er trimestre 2004
Bibliothèques nationales du Québec et du Canada
ISBN 2-89455-149-5

DISTRIBUTION ET DIFFUSION
Amérique : Prologue
France : Vilo
Belgique : Diffusion Vander S.A.
Suisse : Transat S.A.

GUY SAINT-JEAN ÉDITEUR INC.,
3154, boul. Industriel, Laval (Québec) Canada. H7L 4P7.
(450) 663-1777. Courriel : saint-jean.editeur@qc.aira.com
Web : www.saint-jeanediteur.com

GUY SAINT-JEAN ÉDITEUR FRANCE,
48 rue des Ponts, 78290 Croissy-sur-Seine, France.
(1) 39.76.99.43. Courriel : gsj.editeur@free.fr

Imprimé et relié à Singapour

Les informations contenues dans ce livre sont strictement de nature générale et
ne sauraient se substituer à une consultation médicale fournie par votre médecin.